ESTISCH
WOORDENSCHAT

THEMATISCHE WOORDENLIJST

NEDERLANDS
ESTISCH

De meest bruikbare woorden
Om uw woordenschat uit te breiden en
uw taalvaardigheid aan te scherpen

5000 woorden

Thematische woordenschat Nederlands-Estisch - 5000 woorden
Door Andrey Taranov

Woordenlijsten van T&P Books zijn bedoeld om u woorden van een vreemde taal te helpen leren, onthouden, en bestudering. Dit woordenboek is ingedeeld in thema's en behandelt alle belangrijk terreinen van het dagelijkse leven, bedrijven, wetenschap, cultuur, etc.

Het proces van het leren van woorden met behulp van de op thema's gebaseerde aanpak van T&P Books biedt u de volgende voordelen:

- Correct gegroepeerde informatie is bepalend voor succes bij opeenvolgende stadia van het leren van woorden
- De beschikbaarheid van woorden die van dezelfde stam zijn maakt het mogelijk om woordgroepen te onthouden (in plaats van losse woorden)
- Kleine groepen van woorden faciliteren het proces van het aanmaken van associatieve verbindingen, die nodig zijn bij het consolideren van de woordenschat
- Het niveau van talenkennis kan worden ingeschat door het aantal geleerde woorden

Copyright © 2016 T&P Books Publishing

Alle rechten voorbehouden. Niets uit deze uitgave mag worden verveelvoudigd, opgeslagen in een geautomatiseerd gegevensbestand en/of openbaar gemaakt in enige vorm of op enige wijze, hetzij elektronisch, mechanisch, door fotokopieën, opnamen of op enige andere manier zonder voorafgaande schriftelijke toestemming van de uitgever. U mag dit boek niet verspreiden in welk formaat dan ook.

T&P Books Publishing
www.tpbooks.com

ISBN: 978-1-78492-366-2

Dit boek is ook beschikbaar in e-boek formaat.
Gelieve www.tpbooks.com te bezoeken of de belangrijkste online boekwinkels.

ESTISCHE WOORDENSCHAT
nieuwe woorden leren

T&P Books woordenlijsten zijn bedoeld om u te helpen vreemde woorden te leren, te onthouden, en te bestuderen. De woordenschat bevat meer dan 5000 veel gebruikte woorden die thematisch geordend zijn.

- De woordenlijst bevat de meest gebruikte woorden
- Aanbevolen als aanvulling bij welke taalcursus dan ook
- Voldoet aan de behoeften van de beginnende en gevorderde student in vreemde talen
- Geschikt voor dagelijks gebruik, bestudering en zelftestactiviteiten
- Maakt het mogelijk om uw woordenschat te evalueren

Bijzondere kenmerken van de woordenschat

- De woorden zijn gerangschikt naar hun betekenis, niet volgens alfabet
- De woorden worden weergegeven in drie kolommen om bestudering en zelftesten te vergemakkelijken
- Woorden in groepen worden verdeeld in kleine blokken om het leerproces te vergemakkelijken
- De woordenschat biedt een handige en eenvoudige beschrijving van elk buitenlands woord

De woordenschat bevat 155 onderwerpen zoals:

Basisconcepten, getallen, kleuren maanden, seizoenen, meeteenheden, kleding en accessoires, eten & voeding, restaurant, familieleden, verwanten, karakter, gevoelens, emoties, ziekten, stad, dorp, bezienswaardigheden, winkelen, geld, huis, thuis, kantoor, werken op kantoor, import & export, marketing, werk zoeken, sport, onderwijs, computer, internet, gereedschap, natuur, landen, nationaliteiten en meer ...

INHOUDSOPGAVE

Uitspraakgids 9
Afkortingen 11

BASISBEGRIPPEN 12
Basisbegrippen Deel 1 12

1. Voornaamwoorden 12
2. Begroetingen. Begroetingen. Afscheid 12
3. Hoe aan te spreken 13
4. Kardinale getallen. Deel 1 13
5. Kardinale getallen. Deel 2 14
6. Ordinale getallen 15
7. Getallen. Breuken 15
8. Getallen. Eenvoudige berekeningen 15
9. Getallen. Diversen 15
10. De belangrijkste werkwoorden. Deel 1 16
11. De belangrijkste werkwoorden. Deel 2 17
12. De belangrijkste werkwoorden. Deel 3 18
13. De belangrijkste werkwoorden. Deel 4 19
14. Kleuren 20
15. Vragen 20
16. Voorzetsels 21
17. Functiewoorden. Bijwoorden. Deel 1 21
18. Functiewoorden. Bijwoorden. Deel 2 23

Basisbegrippen Deel 2 25

19. Dagen van de week 25
20. Uren. Dag en nacht 25
21. Maanden. Seizoenen 26
22. Meeteenheden 28
23. Containers 29

MENS 30
Mens. Het lichaam 30

24. Hoofd 30
25. Menselijk lichaam 31

Kleding en accessoires 32

26. Bovenkleding. Jassen 32
27. Heren & dames kleding 32

28. Kleding. Ondergoed 33
29. Hoofddeksels 33
30. Schoeisel 33
31. Persoonlijke accessoires 34
32. Kleding. Diversen 34
33. Persoonlijke verzorging. Schoonheidsmiddelen 35
34. Horloges. Klokken 36

Voedsel. Voeding 37

35. Voedsel 37
36. Drankjes 38
37. Groenten 39
38. Vruchten. Noten 40
39. Brood. Snoep 41
40. Bereide gerechten 41
41. Kruiden 42
42. Maaltijden 43
43. Tafelschikking 44
44. Restaurant 44

Familie, verwanten en vrienden 45

45. Persoonlijke informatie. Formuleren 45
46. Familieleden. Verwanten 45

Geneeskunde 47

47. Ziekten 47
48. Symptomen. Behandelingen. Deel 1 48
49. Symptomen. Behandelingen. Deel 2 49
50. Symptomen. Behandelingen. Deel 3 50
51. Artsen 51
52. Geneeskunde. Medicijnen. Accessoires 51

HET MENSELIJKE LEEFGEBIED 53
Stad 53

53. Stad. Het leven in de stad 53
54. Stedelijke instellingen 54
55. Borden 55
56. Stedelijk vervoer 56
57. Bezienswaardigheden 57
58. Winkelen 58
59. Geld 59
60. Post. Postkantoor 60

Woning. Huis. Thuis 61

61. Huis. Elektriciteit 61

62. Villa. Herenhuis	61
63. Appartement	61
64. Meubels. Interieur	62
65. Beddengoed	63
66. Keuken	63
67. Badkamer	64
68. Huishoudelijke apparaten	65

MENSELIJKE ACTIVITEITEN 66
Baan. Business. Deel 1 66

69. Kantoor. Op kantoor werken	66
70. Bedrijfsprocessen. Deel 1	67
71. Bedrijfsprocessen. Deel 2	68
72. Productie. Werken	69
73. Contract. Overeenstemming	70
74. Import & Export	71
75. Financiën	71
76. Marketing	72
77. Reclame	73
78. Bankieren	73
79. Telefoon. Telefoongesprek	74
80. Mobiele telefoon	75
81. Schrijfbehoeften	75
82. Soorten bedrijven	75

Baan. Business. Deel 2 78

83. Show. Tentoonstelling	78
84. Wetenschap. Onderzoek. Wetenschappers	79

Beroepen en ambachten 81

85. Zoeken naar werk. Ontslag	81
86. Zakenmensen	81
87. Dienstverlenende beroepen	82
88. Militaire beroepen en rangen	83
89. Ambtenaren. Priesters	84
90. Agrarische beroepen	84
91. Kunst beroepen	85
92. Verschillende beroepen	85
93. Beroepen. Sociale status	87

Onderwijs 88

94. School	88
95. Hogeschool. Universiteit	89
96. Wetenschappen. Disciplines	90
97. Schrift. Spelling	90
98. Vreemde talen	91

Rusten. Entertainment. Reizen		93
99.	Trip. Reizen	93
100.	Hotel	93

TECHNISCHE APPARATUUR. VERVOER		95
Technische apparatuur		95
101.	Computer	95
102.	Internet. E-mail	96
103.	Elektriciteit	97
104.	Gereedschappen	97

Vervoer		100
105.	Vliegtuig	100
106.	Trein	101
107.	Schip	102
108.	Vliegveld	103

Gebeurtenissen in het leven		105
109.	Vakanties. Evenement	105
110.	Begrafenissen. Begrafenis	106
111.	Oorlog. Soldaten	106
112.	Oorlog. Militaire acties. Deel 1	107
113.	Oorlog. Militaire acties. Deel 2	109
114.	Wapens	110
115.	Oude mensen	112
116.	Middeleeuwen	113
117.	Leider. Baas. Autoriteiten	114
118.	De wet overtreden. Criminele¯. Deel 1	115
119.	De wet overtreden. Criminele¯. Deel 2	116
120.	Politie. Wet. Deel 1	117
121.	Politie. Wet. Deel 2	118

NATUUR		120
De Aarde. Deel 1		120
122.	De kosmische ruimte	120
123.	De Aarde	121
124.	Windrichtingen	122
125.	Zee. Oceaan	122
126.	Namen van zeeën en oceanen	123
127.	Bergen	124
128.	Bergen namen	125
129.	Rivieren	125
130.	Namen van rivieren	126
131.	Bos	126
132.	Natuurlijke hulpbronnen	127

De Aarde. Deel 2   129

133. Weer   129
134. Zwaar weer. Natuurrampen   130

Fauna   131

135. Zoogdieren. Roofdieren   131
136. Wilde dieren   131
137. Huisdieren   132
138. Vogels   133
139. Vis. Zeedieren   135
140. Amfibieën. Reptielen   135
141. Insecten   136

Flora   137

142. Bomen   137
143. Heesters   137
144. Vruchten. Bessen   138
145. Bloemen. Planten   139
146. Granen, graankorrels   140

LANDEN. NATIONALITEITEN   141

147. West-Europa   141
148. Centraal- en Oost-Europa   141
149. Voormalige USSR landen   142
150. Azië   142
151. Noord-Amerika   143
152. Midden- en Zuid-Amerika   143
153. Afrika   144
154. Australië. Oceanië   144
155. Steden   144

UITSPRAAKGIDS

Letter	Estisch voorbeeld	T&P fonetisch alfabet	Nederlands voorbeeld

Klinkers

a	vana	[ɑ]	acht
aa	poutaa	[ɑ:]	maart
e	ema	[e]	delen, spreken
ee	Ameerika	[e:]	twee, ongeveer
i	ilus	[i]	bidden, tint
ii	viia	[i:]	team, portier
o	orav	[o]	overeenkomst
oo	antiloop	[o:]	rood, knoop
u	surma	[u]	hoed, doe
uu	arbuus	[u:]	fuut, uur
õ	võõras	[ɔu]	snowboard,
ä	pärn	[æ]	Nederlands Nedersaksisch - dät, Engels - cat
ö	köha	[ø]	neus, beu
ü	üks	[y]	fuut, uur

Medeklinkers

b	tablett	[b]	hebben
d	delfiin	[d]	Dank u, honderd
f	faasan	[f]	feestdag, informeren
g	flamingo	[g]	goal, tango
h	haamer	[h]	het, herhalen
j	harjumus	[j]	New York, januari
k	helikopter	[k]	kennen, kleur
l	ingel	[l]	delen, luchter
m	magnet	[m]	morgen, etmaal
n	nöör	[n]	nemen, zonder
p	poolsaar	[p]	parallel, koper
r	ripse	[r]	roepen, breken
s	sõprus	[s]	spreken, kosten
š	šotlane	[ʃ]	shampoo, machine
t	tantsima	[t]	tomaat, taart
v	pilves	[ʋ]	als in Noord-Nederlands - water
z	zookauplus	[z]	zeven, zesde
ž [1]	žonglöör	[ʒ]	garage, journalist, Engels - pleasure

Opmerkingen

[1] alleen in leenwoorden

AFKORTINGEN
gebruikt in de woordenschat

Nederlandse afkortingen

abn	-	als bijvoeglijk naamwoord
bijv.	-	bijvoorbeeld
bn	-	bijvoeglijk naamwoord
bw	-	bijwoord
enk.	-	enkelvoud
enz.	-	enzovoort
form.	-	formele taal
inform.	-	informele taal
mann.	-	mannelijk
mil.	-	militair
mv.	-	meervoud
on.ww.	-	onovergankelijk werkwoord
ontelb.	-	ontelbaar
ov.	-	over
ov.ww.	-	overgankelijk werkwoord
telb.	-	telbaar
vn	-	voornaamwoord
vrouw.	-	vrouwelijk
vw	-	voegwoord
vz	-	voorzetsel
wisk.	-	wiskunde
ww	-	werkwoord

Nederlandse artikelen

de	-	gemeenschappelijk geslacht
de/het	-	gemeenschappelijk geslacht, onzijdig
het	-	onzijdig

BASISBEGRIPPEN

Basisbegrippen Deel 1

1. Voornaamwoorden

ik	mina	[mina]
jij, je	sina	[sina]
hij	tema	[tema]
zij, ze	tema	[tema]
het	see	[se:]
wij, we	meie	[meje]
jullie	teie	[teje]
zij, ze	nemad	[nemat]

2. Begroetingen. Begroetingen. Afscheid

Hallo! Dag!	Tere!	[tere!]
Hallo!	Tere!	[tere!]
Goedemorgen!	Tere hommikust!	[tere hommikus't!]
Goedemiddag!	Tere päevast!	[tere pæeʋas't!]
Goedenavond!	Tere õhtust!	[tere ɜhtus't!]
gedag zeggen (groeten)	teretama	[teretama]
Hoi!	Tervist!	[terʋis't!]
groeten (het)	tervitus	[terʋitus]
verwelkomen (ww)	tervitama	[terʋitama]
Hoe gaat het?	Kuidas läheb?	[kuidas l'æheb?]
Is er nog nieuws?	Mis uudist?	[mis u:dis't?]
Dag! Tot ziens!	Nägemist!	[nægemis't!]
Tot snel! Tot ziens!	Kohtumiseni!	[kohtumiseni!]
Vaarwel!	Hüvasti!	[hʉʋas'ti!]
afscheid nemen (ww)	hüvasti jätma	[hʉʋas'ti jætma]
Tot kijk!	Hüva!	[hʉʋa!]
Dank u!	Aitäh!	[aitæh!]
Dank u wel!	Suur tänu!	[su:r tænu!]
Graag gedaan	Palun.	[palun]
Geen dank!	Pole tänu väärt.	[pole tænu ʋæ:rt]
Geen moeite.	Pole tänu väärt.	[pole tænu ʋæ:rt]
Excuseer me, ... (inform.)	Vabanda!	[ʋabanda!]
Excuseer me, ... (form.)	Vabandage!	[ʋabandage!]
excuseren (verontschuldigen)	vabandama	[ʋabandama]

zich verontschuldigen	vabandama	[ʋabandama]
Mijn excuses.	Minu kaastunne	[minu kaːsˈtunne]
Het spijt me!	Ancke andeks!	[andke andeks!]
vergeven (ww)	andeks andma	[andeks andma]
Maakt niet uit!	Po e hullu!	[pole hulʲu]
alsjeblieft	palun	[palun]
Vergeet het niet!	Pidage meeles!	[pidage meːles!]
Natuurlijk!	Muidugi!	[mujdugi!]
Natuurlijk niet!	Muidugi mitte!	[mujdugi mitte!]
Akkoord!	Ma olen nõus!	[ma olen nɜus!]
Zo is het genoeg!	Aitab küll!	[aitab kɯlʲ!]

3. Hoe aan te spreken

Excuseer me, ...	Vabandage, ...	[ʋabandage, ...]
meneer	Härra	[hærra]
mevrouw	Proua	[proua]
juffrouw	Preili	[prejli]
jongeman	Noormees	[noːrmeːs]
jongen	Poiss	[pojss]
meisje	Tüdruk	[tɯdruk]

4. Kardinale getallen. Deel 1

nul	null	[nulʲ]
een	üks	[ɯks]
twee	kaks	[kaks]
drie	kolm	[kolʲm]
vier	neli	[neli]
vijf	viis	[ʋiːs]
zes	kuus	[kuːs]
zeven	seitse	[sejtse]
acht	kaheksa	[kaheksa]
negen	üheksa	[ɯheksa]
tien	kümme	[kɯmme]
elf	üksteist	[ɯksˈtejsˈt]
twaalf	kaksteist	[kaksˈtejsˈt]
dertien	kolmteist	[kolʲmtejsˈt]
veertien	neliteist	[nelitejsˈt]
vijftien	vi steist	[ʋiːsˈtejsˈt]
zestien	kuusteist	[kuːsˈtejsˈt]
zeventien	seitseteist	[sejtsetejsˈt]
achttien	kaheksateist	[kaheksatejsˈt]
negentien	üheksateist	[ɯheksatejsˈt]
twintig	kakskümmend	[kakskɯmment]
eenentwintig	kakskümmend üks	[kakskɯmment ɯks]
tweeëntwintig	kakskümmend kaks	[kakskɯmment kaks]

drieëntwintig	kakskümmend kolm	[kakskʉmment kolʲm]
dertig	kolmkümmend	[kolʲmkʉmment]
eenendertig	kolmkümmend üks	[kolʲmkʉmment ʉks]
tweeëndertig	kolmkümmend kaks	[kolʲmkʉmment kaks]
drieëndertig	kolmkümmend kolm	[kolʲmkʉmment kolʲm]
veertig	nelikümmend	[nelikʉmment]
eenenveertig	nelikümmend üks	[nelikʉmment ʉks]
tweeënveertig	nelikümmend kaks	[nelikʉmment kaks]
drieënveertig	nelikümmend kolm	[nelikʉmment kolʲm]
vijftig	viiskümmend	[ʋi:skʉmment]
eenenvijftig	viiskümmend üks	[ʋi:skʉmment ʉks]
tweeënvijftig	viiskümmend kaks	[ʋi:skʉmment kaks]
drieënvijftig	viiskümmend kolm	[ʋi:skʉmment kolʲm]
zestig	kuuskümmend	[ku:skʉmment]
eenenzestig	kuuskümmend üks	[ku:skʉmment ʉks]
tweeënzestig	kuuskümmend kaks	[ku:skʉmment kaks]
drieënzestig	kuuskümmend kolm	[ku:skʉmment kolʲm]
zeventig	seitsekümmend	[sejtsekʉmment]
eenenzeventig	seitsekümmend üks	[sejtsekʉmment ʉks]
tweeënzeventig	seitsekümmend kaks	[sejtsekʉmment kaks]
drieënzeventig	seitsekümmend kolm	[sejtsekʉmment kolʲm]
tachtig	kaheksakümmend	[kaheksakʉmment]
eenentachtig	kaheksakümmend üks	[kaheksakʉmment ʉks]
tweeëntachtig	kaheksakümmend kaks	[kaheksakʉmment kaks]
drieëntachtig	kaheksakümmend kolm	[kaheksakʉmment kolʲm]
negentig	üheksakümmend	[ʉheksakʉmment]
eenennegentig	üheksakümmend üks	[ʉheksakʉmment ʉks]
tweeënnegentig	üheksakümmend kaks	[ʉheksakʉmment kaks]
drieënnegentig	üheksakümmend kolm	[ʉheksakʉmment kolʲm]

5. Kardinale getallen. Deel 2

honderd	sada	[sada]
tweehonderd	kakssada	[kakssada]
driehonderd	kolmsada	[kolʲmsada]
vierhonderd	nelisada	[nelisada]
vijfhonderd	viissada	[ʋi:ssada]
zeshonderd	kuussada	[ku:ssada]
zevenhonderd	seitsesada	[sejtsesada]
achthonderd	kaheksasada	[kaheksasada]
negenhonderd	üheksasada	[ʉheksasada]
duizend	tuhat	[tuhat]
tweeduizend	kaks tuhat	[kaks tuhat]
drieduizend	kolm tuhat	[kolʲm tuhat]
tienduizend	kümme tuhat	[kʉmme tuhat]
honderdduizend	sada tuhat	[sada tuhat]

| miljoen (het) | miljon | [miljon] |
| miljard (het) | miljard | [miljart] |

6. Ordinale getallen

eerste (bn)	esimene	[esimene]
tweede (bn)	teine	[tejne]
derde (bn)	kolmas	[kolʲmas]
vierde (bn)	neljas	[neljas]
vijfde (bn)	viies	[ʋi:es]
zesde (bn)	kuues	[ku:es]
zevende (bn)	seitsmes	[sejtsmes]
achtste (bn)	kaheksas	[kaheksas]
negende (bn)	üheksas	[ɯheksas]
tiende (bn)	kümnes	[kɯmnes]

7. Getallen. Breuken

breukgetal (het)	murd	[murt]
half	pool	[po:lʲ]
een derde	kolmandik	[kolʲmandik]
kwart	neljandik	[neljandik]
een achtste	kaheksandik	[kaheksandik]
een tiende	kümnendik	[kɯmnendik]
twee derde	kaks kolmandikku	[kaks kolʲmandikku]
driekwart	kolm neljandikku	[kolʲm neljandikku]

8. Getallen. Eenvoudige berekeningen

aftrekking (de)	lahutamine	[lahutamine]
aftrekken (ww)	lahutama	[lahutama]
deling (de)	jagamine	[jagamine]
delen (ww)	jagama	[jagama]
optelling (de)	liitmine	[li:tmine]
erbij optellen (bij elkaar voegen)	liitma	[li:tma]
optellen (ww)	lisama	[lisama]
vermenigvuldiging (de)	korrutamine	[korrutamine]
vermenigvuldigen (ww)	korrutama	[korrutama]

9. Getallen. Diversen

cijfer (het)	number	[number]
nummer (het)	arv	[arʋ]
telwoord (het)	arvsõna	[arʋsɤna]

minteken (het)	miinus	[miːnus]
plusteken (het)	pluss	[pluss]
formule (de)	valem	[ʋalem]

berekening (de)	arvutamine	[arʋutamine]
tellen (ww)	lugema	[lugema]
bijrekenen (ww)	arvestama	[arʋesʲtama]
vergelijken (ww)	võrdlema	[ʋɜrtlema]

| Hoeveel? (ontelb.) | Kui palju? | [kui palju?] |
| Hoeveel? (telb.) | Mitu? | [mitu?] |

som (de), totaal (het)	summa	[summa]
uitkomst (de)	tulemus	[tulemus]
rest (de)	jääk	[jæːk]

enkele (bijv. ~ minuten)	mõni	[mɜni]
weinig (bw)	natuke	[natuke]
restant (het)	ülejäänud	[ᵾlejæːnut]
anderhalf	poolteist	[poːlʲtejsʲt]
dozijn (het)	tosin	[tosin]

middendoor (bw)	pooleks	[poːleks]
even (bw)	võrdselt	[ʋɜrdselʲt]
helft (de)	pool	[poːlʲ]
keer (de)	üks kord	[ᵾks kort]

10. De belangrijkste werkwoorden. Deel 1

aanbevelen (ww)	soovitama	[soːʋitama]
aandringen (ww)	nõudma	[nɜudma]
aankomen (per auto, enz.)	saabuma	[saːbuma]
aanraken (ww)	puudutama	[puːdutama]
adviseren (ww)	soovitama	[soːʋitama]

afdalen (on.ww.)	laskuma	[laskuma]
afslaan (naar rechts ~)	pöörama	[pøːrama]
antwoorden (ww)	vastama	[ʋasʲtama]
bang zijn (ww)	kartma	[kartma]
bedreigen (bijv. met een pistool)	ähvardama	[æhʋardama]

bedriegen (ww)	petma	[petma]
beëindigen (ww)	lõpetama	[lɜpetama]
beginnen (ww)	alustama	[alusʲtama]
begrijpen (ww)	aru saama	[aru saːma]
beheren (managen)	juhtima	[juhtima]

beledigen (met scheldwoorden)	solvama	[solʲʋama]
beloven (ww)	lubama	[lubama]
bereiden (koken)	süüa tegema	[sᵾːa tegema]
bespreken (spreken over)	arutama	[arutama]
bestellen (eten ~)	tellima	[telʲima]

bestraffen (een stout kind ~)	karistama	[karis'tama]
betalen (ww)	maksma	[maksma]
betekenen (beduiden)	tähendama	[tæhendama]
betreuren (ww)	kahetsema	[kahetsema]

bevallen (prettig vinden)	meeldima	[me:l'dima]
bevelen (mil.)	käskima	[kæskima]
bevrijden (stad, enz.)	vabastama	[ʋabas'tama]
bewaren (ww)	säilitama	[sæjlitama]
bezitten (ww)	valdama	[ʋal'dama]

bidden (praten met God)	palvetama	[pal'ʋetama]
binnengaan (een kamer ~)	sisse tulema	[sisse tulema]
breken (ww)	murdma	[murdma]
controleren (ww)	kontrollima	[kontrol'ima]
creëren (ww)	looma	[lo:ma]

deelnemen (ww)	osa võtma	[osa ʋɜtma]
denken (ww)	mõtlema	[mɜtlema]
doden (ww)	tapma	[tapma]
doen (ww)	tegema	[tegema]
dorst hebben (ww)	juua tahtma	[ju:a tahtma]

11. De belangrijkste werkwoorden. Deel 2

een hint geven	vihjama	[ʋihjama]
eisen (met klem vragen)	nõudma	[nɜudma]
excuseren (vergeven)	vabandama	[ʋabandama]
existeren (bestaan)	olemas olema	[olemas olema]
gaan (te voet)	minema	[minema]

gaan zitten (ww)	istuma	[is'tuma]
gaan zwemmen	suplema	[suplema]
geven (ww)	andma	[andma]
glimlachen (ww)	naeratama	[naeratama]
goed raden (ww)	ära arvama	[æra aruama]

grappen maken (ww)	nalja tegema	[nalja tegema]
graven (ww)	kaevama	[kaeuama]

hebben (ww)	omama	[omama]
helpen (ww)	aitama	[aitama]
herhalen (opnieuw zeggen)	kordama	[kordama]
honger hebben (ww)	süüa tahtma	[sɯ:a tahtma]

hopen (ww)	lootma	[lo:tma]
horen	kuulma	[ku:l'ma]
(waarnemen met het oor)		
huilen (wenen)	nutma	[nutma]
huren (huis, kamer)	üürima	[ɯ:rima]
informeren (informatie geven)	teavitama	[teaʋitama]

instemmen (akkoord gaan)	nõustuma	[nɜus'tuma]
jagen (ww)	jahil käima	[jahil' kæjma]

kennen (kennis hebben van iemand)	tundma	[tundma]
kiezen (ww)	valima	[ʋalima]
klagen (ww)	kaebama	[kaebama]
kosten (ww)	maksma	[maksma]
kunnen (ww)	võima	[ʋɜima]
lachen (ww)	naerma	[naerma]
laten vallen (ww)	pillama	[pilʲæma]
lezen (ww)	lugema	[lugema]
liefhebben (ww)	armastama	[armasʲtama]
lunchen (ww)	lõunat sööma	[lɜunat sø:ma]
nemen (ww)	võtma	[ʋɜtma]
nodig zijn (ww)	tarvis olema	[tarʋis olema]

12. De belangrijkste werkwoorden. Deel 3

onderschatten (ww)	alahindama	[alahindama]
ondertekenen (ww)	allkirjastama	[alʲkirjasʲtama]
ontbijten (ww)	hommikust sööma	[hommikusʲt sø:ma]
openen (ww)	lahti tegema	[lahti tegema]
ophouden (ww)	katkestama	[katkesʲtama]
opmerken (zien)	märkama	[mærkama]
opscheppen (ww)	kiitlema	[ki:tlema]
opschrijven (ww)	üles kirjutama	[ʉles kirjutama]
plannen (ww)	planeerima	[plane:rima]
prefereren (verkiezen)	eelistama	[e:lisʲtama]
proberen (trachten)	proovima	[pro:ʋima]
redden (ww)	päästma	[pæ:sʲtma]
rekenen op ...	lootma ...	[lo:tma ...]
rennen (ww)	jooksma	[jo:ksma]
reserveren (een hotelkamer ~)	reserveerima	[reserʋe:rima]
roepen (om hulp)	kutsuma	[kutsuma]
schieten (ww)	tulistama	[tulisʲtama]
schreeuwen (ww)	karjuma	[karjuma]
schrijven (ww)	kirjutama	[kirjutama]
souperen (ww)	õhtust sööma	[ɜhtusʲt sø:ma]
spelen (kinderen)	mängima	[mængima]
spreken (ww)	rääkima	[ræ:kima]
stelen (ww)	varastama	[ʋarasʲtama]
stoppen (pauzeren)	peatuma	[peatuma]
studeren (Nederlands ~)	uurima	[u:rima]
sturen (zenden)	saatma	[sa:tma]
tellen (optellen)	lugema	[lugema]
toebehoren ...	kuuluma	[ku:luma]
toestaan (ww)	lubama	[lubama]
tonen (ww)	näitama	[næjtama]
twijfelen (onzeker zijn)	kahtlema	[kahtlema]

uitgaan (ww)	välja tulema	[υælja tulema]
uitnodigen (ww)	kutsuma	[kutsuma]
uitspreken (ww)	hääldama	[hæːlʲdama]
uitvaren tegen (ww)	sõimama	[sɜimama]

13. De belangrijkste werkwoorden. Deel 4

vallen (ww)	kukkuma	[kukkuma]
vangen (ww)	püüdma	[pɨːdma]
veranderen (anders maken)	muutma	[muːtma]
verbaasd zijn (ww)	imestama	[imesʲtama]
verbergen (ww)	peitma	[pejtma]

verdedigen (je land ~)	kaitsma	[kaitsma]
verenigen (ww)	ühendama	[ɨhendama]
vergelijken (ww)	võrdlema	[υɜrtlema]
vergeten (ww)	unustama	[unusʲtama]
vergeven (ww)	andeks andma	[andeks andma]

verklaren (uitleggen)	seletama	[seletama]
verkopen (per stuk ~)	müüma	[mɨːma]
vermelden (praten over)	meelde tuletama	[meːlʲde tuletama]
versieren (decoreren)	ehtima	[ehtima]
vertalen (ww)	tõlkima	[tɜlʲkima]

vertrouwen (ww)	usaldama	[usalʲdama]
vervolgen (ww)	jätkama	[jætkama]
verwarren (met elkaar ~)	segi ajama	[segi ajama]
verzoeken (ww)	paluma	[paluma]
verzuimen (school, enz.)	puuduma	[puːduma]

vinden (ww)	leidma	[lejdma]
vliegen (ww)	lendama	[lendama]
volgen (ww)	järgnema ...	[jærgnema ...]
voorstellen (ww)	pakkuma	[pakkuma]
voorzien (verwachten)	ette nägema	[ette nægema]
vragen (ww)	küsima	[kɨsima]

waarnemen (ww)	jälgima	[jælʲgima]
waarschuwen (ww)	hoiatama	[hojatama]
wachten (ww)	ootama	[oːtama]
weerspreken (ww)	vastu vaidlema	[υasʲtu υaitlema]
weigeren (ww)	keelduma	[keːlʲduma]

werken (ww)	töötama	[tøːtama]
weten (ww)	teadma	[teadma]
willen (verlangen)	tahtma	[tahtma]
zeggen (ww)	ütlema	[ɨtlema]
zich haasten (ww)	kiirustama	[kiːrusʲtama]

zich interesseren voor ...	huvi tundma	[huυi tundma]
zich vergissen (ww)	eksima	[eksima]
zich verontschuldigen	vabandama	[υabandama]
zien (ww)	nägema	[nægema]

zoeken (ww)	otsima ...	[otsima ...]
zwemmen (ww)	ujuma	[ujuma]
zwijgen (ww)	vaikima	[ʋaikima]

14. Kleuren

kleur (de)	värv	[ʋærʋ]
tint (de)	varjund	[ʋarjunt]
kleurnuance (de)	toon	[to:n]
regenboog (de)	vikerkaar	[ʋikerka:r]
wit (bn)	valge	[ʋalʲge]
zwart (bn)	must	[musʲt]
grijs (bn)	hall	[halʲ]
groen (bn)	roheline	[roheline]
geel (bn)	kollane	[kolʲæne]
rood (bn)	punane	[punane]
blauw (bn)	sinine	[sinine]
lichtblauw (bn)	helesinine	[helesinine]
roze (bn)	roosa	[ro:sa]
oranje (bn)	oranž	[oranʒ]
violet (bn)	violetne	[ʋioletne]
bruin (bn)	pruun	[pru:n]
goud (bn)	kuldne	[kulʲdne]
zilverkleurig (bn)	hõbedane	[hɜbedane]
beige (bn)	beež	[be:ʒ]
roomkleurig (bn)	kreemjas	[kre:mjas]
turkoois (bn)	türkiissinine	[tʉrki:ssinine]
kersrood (bn)	kirsipunane	[kirsipunane]
lila (bn)	lilla	[lilʲæ]
karmijnrood (bn)	vaarikpunane	[ʋa:rikpunane]
licht (bn)	hele	[hele]
donker (bn)	tume	[tume]
fel (bn)	erk	[erk]
kleur-, kleurig (bn)	värvipliiats	[ʋærʋipli:ats]
kleuren- (abn)	värvi-	[ʋærʋi-]
zwart-wit (bn)	must-valge	[musʲt-ʋalʲge]
eenkleurig (bn)	ühevärviline	[ʉheʋærʋiline]
veelkleurig (bn)	mitmevärviline	[mitmeʋærʋiline]

15. Vragen

Wie?	Kes?	[kes?]
Wat?	Mis?	[mis?]
Waar?	Kus?	[kus?]
Waarheen?	Kuhu?	[kuhu?]

Waar ... vandaan?	Kust?	[kusʲt?]
Wanneer?	Millal?	[milʲæl?]
Waarom?	Milleks?	[milʲeks?]
Waarom?	Miks?	[miks?]
Waarvoor dan ook?	Mille jaoks?	[milʲe jaoks?]
Hoe?	Kuidas?	[kuidas?]
Wat voor ...?	Missugune?	[missugune?]
Welk?	Mis?	[mis?]
Aan wie?	Ke lele?	[kelʲele?]
Over wie?	Ke lest?	[kelʲesʲt?]
Waarover?	Millest?	[milʲesʲt?]
Met wie?	Ke lega?	[kelʲega?]
Hoeveel? (ontelb.)	Kui palju?	[kui palju?]
Van wie?	Ke le?	[kelʲe?]

16. Voorzetsels

met (bijv. ~ beleg)	koos	[ko:s]
zonder (~ accent)	ilma	[ilʲma]
naar (in de richting van)	sisse	[sisse]
over (praten ~)	kohta	[kohta]
voor (in tijd)	enne	[enne]
voor (aan de voorkant)	ees	[e:s]
onder (lager dan)	all	[alʲ]
boven (hoger dan)	kohal	[kohalʲ]
op (bovenop)	peal	[pealʲ]
van (uit, afkomstig van)	seest	[se:sʲt]
van (gemaakt van)	millest tehtud	[milʲesʲt tehtut]
over (bijv. ~ een uur)	pärast	[pærasʲt]
over (over de bovenkant)	läbi	[lʲæbi]

17. Functiewoorden. Bijwoorden. Deel 1

Waar?	Kus?	[kus?]
hier (bw)	siin	[si:n]
daar (bw)	seal	[sealʲ]
ergens (bw)	kuskil	[kuskilʲ]
nergens (bw)	mitte kuskil	[mitte kuskilʲ]
bij ... (in de buurt)	juures	[ju:res]
bij het raam	akna juures	[akna ju:res]
Waarheen?	Kuhu?	[kuhu?]
hierheen (bw)	siia	[si:a]
daarheen (bw)	sinna	[sinna]
hiervandaan (bw)	siit	[si:t]

daarvandaan (bw)	sealt	[sealʲt]
dichtbij (bw)	lähedal	[lʲæhedalʲ]
ver (bw)	kaugel	[kaugelʲ]

in de buurt (van ...)	kõrval	[kɜrvalʲ]
vlakbij (bw)	lähedal	[lʲæhedalʲ]
niet ver (bw)	lähedale	[lʲæhedale]

linker (bn)	vasak	[ʋasak]
links (bw)	vasakul	[ʋasakulʲ]
linksaf, naar links (bw)	vasakule	[ʋasakule]

rechter (bn)	parem	[parem]
rechts (bw)	paremal	[paremalʲ]
rechtsaf, naar rechts (bw)	paremale	[paremale]

vooraan (bw)	eest	[e:sʲt]
voorste (bn)	eesmine	[e:smine]
vooruit (bw)	edasi	[edasi]

achter (bw)	taga	[taga]
van achteren (bw)	tagant	[tagant]
achteruit (naar achteren)	tagasi	[tagasi]

midden (het)	keskkoht	[keskkoht]
in het midden (bw)	keskel	[keskelʲ]

opzij (bw)	kõrvalt	[kɜrvalʲt]
overal (bw)	igal pool	[igalʲ po:lʲ]
omheen (bw)	ümberringi	[ʉmberringi]

binnenuit (bw)	seest	[se:sʲt]
naar ergens (bw)	kuhugi	[kuhugi]
rechtdoor (bw)	otse	[otse]
terug (bijv. ~ komen)	tagasi	[tagasi]

ergens vandaan (bw)	kuskilt	[kuskilʲt]
ergens vandaan (en dit geld moet ~ komen)	kuskilt	[kuskilʲt]

ten eerste (bw)	esiteks	[esiteks]
ten tweede (bw)	teiseks	[tejseks]
ten derde (bw)	kolmandaks	[kolʲmandaks]

plotseling (bw)	äkki	[ækki]
in het begin (bw)	alguses	[alʲguses]
voor de eerste keer (bw)	esimest korda	[esimesʲt korda]
lang voor ... (bw)	enne ...	[enne ...]
opnieuw (bw)	uuesti	[u:esʲti]
voor eeuwig (bw)	päriseks	[pæriseks]

nooit (bw)	mitte kunagi	[mitte kunagi]
weer (bw)	jälle	[jælʲe]
nu (bw)	nüüd	[nʉ:t]
vaak (bw)	sageli	[sageli]
toen (bw)	siis	[si:s]

urgent (bw)	kiiresti	[ki:resʲti]
meestal (bw)	tavaliselt	[tauaviselʲt]
trouwens, ... (tussen haakjes)	muuseas, ...	[mu:seas, ...]
mogelijk (bw)	võimalik	[uɜimalik]
waarschijnlijk (bw)	tõenäoliselt	[tɜenæoliselʲt]
misschien (bw)	võib olla	[uɜib olʲæ]
trouwens (bw)	peale selle ...	[peale selʲe ...]
daarom ...	sellepärast	[selʲepæerasʲt]
in weerwil van ...	... vaatamata	[... ʋa:tamata]
dankzij ...	tänu ...	[tænu ...]
wat (vn)	mis	[mis]
dat (vw)	et	[et]
iets (vn)	miski	[miski]
iets	miski	[miski]
niets (vn)	mitte midagi	[mitte midagi]
wie (~ is daar?)	kes	[kes]
iemand (een onbekende)	keegi	[ke:gi]
iemand (een bepaald persoon)	keegi	[ke:gi]
niemand (vn)	mitte keegi	[mitte ke:gi]
nergens (bw)	mitte kuhugi	[mitte kuhugi]
niemands (bn)	ei kellegi oma	[ej kelʲegi oma]
iemands (bn)	kellegi oma	[kelʲegi oma]
zo (Ik ben ~ blij)	ni	[ni:]
ook (evenals)	samuti	[samuti]
alsook (eveneens)	ka	[ka]

18. Functiewoorden. Bijwoorden. Deel 2

Waarom?	Miks?	[miks?]
om een bepaalde reden	millegi pärast	[milʲegi pæerasʲt]
omdat ...	sest ...	[sesʲt ...]
voor een bepaald doel	millekski	[milʲekski]
en (vw)	ja	[ja]
of (vw)	võ	[uɜi]
maar (vw)	kuid	[kuit]
voor (vz)	jaoks	[jaoks]
te (~ veel mensen)	liiga	[li:ga]
alleen (bw)	ainult	[ainulʲt]
precies (bw)	täpselt	[tæpselʲt]
ongeveer (~ 10 kg)	umbes	[umbes]
omstreeks (bw)	lig kaudu	[ligikaudu]
bij benadering (bn)	lig kaudne	[ligikaudne]
bijna (bw)	peaaegu	[pea:egu]
rest (de)	ülejäänud	[ʉlejæ:nut]

de andere (tweede)	teine	[tejne]
ander (bn)	teiste	[tejsʲte]
elk (bn)	iga	[iga]
om het even welk	mis tahes	[mis tahes]
veel (grote hoeveelheid)	palju	[palju]
veel mensen	paljud	[paljut]
iedereen (alle personen)	kõik	[kɜik]
in ruil voor ...	... vastu	[... ʋasʲtu]
in ruil (bw)	asemele	[asemele]
met de hand (bw)	käsitsi	[kæsitsi]
onwaarschijnlijk (bw)	vaevalt	[ʋaeʋalʲt]
waarschijnlijk (bw)	vist	[ʋisʲt]
met opzet (bw)	meelega	[meːlega]
toevallig (bw)	juhuslikult	[juhuslikulʲt]
zeer (bw)	väga	[ʋæga]
bijvoorbeeld (bw)	näiteks	[næjteks]
tussen (~ twee steden)	vahel	[ʋahelʲ]
tussen (te midden van)	keskel	[keskelʲ]
zoveel (bw)	niipalju	[niːpalju]
vooral (bw)	eriti	[eriti]

Basisbegrippen Deel 2

19. Dagen van de week

maandag (de)	esmaspäev	[esmaspæəʋ]
dinsdag (de)	teisipäev	[tejsipæəʋ]
woensdag (de)	kolmapäev	[kolʲmapæəʋ]
donderdag (de)	neljapäev	[neljapæəʋ]
vrijdag (de)	reede	[re:de]
zaterdag (de)	laupäev	[laupæəʋ]
zondag (de)	pühapäev	[pɥhapæəʋ]
vandaag (bw)	täna	[tæna]
morgen (bw)	homme	[homme]
overmorgen (bw)	ülehomme	[ɥlehomme]
gisteren (bw)	eile	[ejle]
eergisteren (bw)	üleeile	[ɥle:jle]
dag (de)	päev	[pæəʋ]
werkdag (de)	tööpäev	[tø:pæəʋ]
feestdag (de)	pidupäev	[pidupæəʋ]
verlofdag (de)	puhkepäev	[puhkepæəʋ]
weekend (het)	nädalavahetus	[nædalaʋahetus]
de hele dag (bw)	terve päev	[terʋe pæəʋ]
de volgende dag (bw)	järgmiseks päevaks	[jærgmiseks pæəʋaks]
twee dagen geleden	kaks päeva tagasi	[kaks pæəʋa tagasi]
aan de vooravond (bw)	eile õhtul	[ejle ɜhtulʲ]
dag-, dagelijks (bn)	igapäevane	[igapæəʋane]
elke dag (bw)	iga päev	[iga pæəʋ]
week (de)	nädal	[nædalʲ]
vorige week (bw)	möödunud nädalal	[mø:dunut nædalalʲ]
volgende week (bw)	järgmisel nädalal	[jærgmiselʲ nædalalʲ]
wekelijks (bn)	iganädalane	[iganædalane]
elke week (bw)	igal nädalal	[igalʲ nædalalʲ]
twee keer per week	kaks korda nädalas	[kaks korda nædalas]
elke dinsdag	igal teisipäeval	[igalʲ tejsipæəʋalʲ]

20. Uren. Dag en nacht

morgen (de)	hommik	[hommik]
's morgens (bw)	hommikul	[hommikulʲ]
middag (de)	keskpäev	[keskpæəʋ]
's middags (bw)	pärast lõunat	[pærasʲt lɜunat]
avond (de)	õhtu	[ɜhtu]
's avonds (bw)	õhtul	[ɜhtulʲ]

nacht (de)	öö	[ø:]
's nachts (bw)	öösel	[ø:selʲ]
middernacht (de)	kesköö	[keskø:]
seconde (de)	sekund	[sekunt]
minuut (de)	minut	[minut]
uur (het)	tund	[tunt]
halfuur (het)	pool tundi	[po:lʲ tundi]
kwartier (het)	veerand tundi	[ʋe:rant tundi]
vijftien minuten	viisteist minutit	[ʋi:sʲtejsʲt minutit]
etmaal (het)	ööpäev	[ø:pæeʋ]
zonsopgang (de)	päikesetõus	[pæjkesetɜus]
dageraad (de)	koit	[kojt]
vroege morgen (de)	varahommik	[ʋarahommik]
zonsondergang (de)	loojang	[lo:jang]
's morgens vroeg (bw)	hommikul vara	[hommikulʲ ʋara]
vanmorgen (bw)	täna hommikul	[tæna hommikulʲ]
morgenochtend (bw)	homme hommikul	[homme hommikulʲ]
vanmiddag (bw)	täna päeval	[tæna pæeʋalʲ]
's middags (bw)	pärast lõunat	[pærasʲt lɜunat]
morgenmiddag (bw)	homme pärast lõunat	[homme pærasʲt lɜunat]
vanavond (bw)	täna õhtul	[tæna ɜhtulʲ]
morgenavond (bw)	homme õhtul	[homme ɜhtulʲ]
klokslag drie uur	täpselt kell kolm	[tæpselʲt kelʲ kolʲm]
ongeveer vier uur	umbes kell neli	[umbes kelʲ neli]
tegen twaalf uur	kella kaheteistkümneks	[kelʲæ kahetejsʲtkʉmneks]
over twintig minuten	kahekümne minuti pärast	[kahekʉmne minuti pærasʲt]
over een uur	tunni aja pärast	[tunni aja pærasʲt]
op tijd (bw)	õigeks ajaks	[ɜigeks ajaks]
kwart voor ...	kolmveerand	[kolʲmʋe:rant]
binnen een uur	tunni aja jooksul	[tunni aja jo:ksulʲ]
elk kwartier	iga viieteist minuti tagant	[iga ʋi:etejsʲt minuti tagant]
de klok rond	terve ööpäev	[terʋe ø:pæeʋ]

21. Maanden. Seizoenen

januari (de)	jaanuar	[ja:nuar]
februari (de)	veebruar	[ʋe:bruar]
maart (de)	märts	[mærts]
april (de)	aprill	[aprilʲ]
mei (de)	mai	[mai]
juni (de)	juuni	[ju:ni]
juli (de)	juuli	[ju:li]
augustus (de)	august	[augusʲt]
september (de)	september	[september]
oktober (de)	oktoober	[okto:ber]

november (de)	november	[november]
december (de)	detsember	[detsember]
lente (de)	kevad	[kevat]
in de lente (bw)	kevadel	[kevadelʲ]
lente- (abn)	kevadine	[kevadine]
zomer (de)	suvi	[suvi]
in de zomer (bw)	suvel	[suvelʲ]
zomer-, zomers (bn)	suvine	[suvine]
herfst (de)	sügis	[sɤgis]
in de herfst (bw)	sügisel	[sɤgiselʲ]
herfst- (abn)	sügisene	[sɤgisene]
winter (de)	talv	[talʲʊ]
in de winter (bw)	talvel	[talʲʊelʲ]
winter- (abn)	talvine	[talʲʊine]
maand (de)	kuu	[ku:]
deze maand (bw)	selles kuus	[selʲes ku:s]
volgende maand (bw)	järgmises kuus	[jærgmises ku:s]
vorige maand (bw)	möödunud kuus	[mø:dunut ku:s]
een maand geleden (bw)	kuu aega tagasi	[ku: aega tagasi]
over een maand (bw)	kuu aja pärast	[ku: aja pærasʲt]
over twee maanden (bw)	kahe kuu pärast	[kahe ku: pærasʲt]
de hele maand (bw)	terve kuu	[terve ku:]
een volle maand (bw)	terve kuu	[terve ku:]
maand-, maandelijks (bn)	igakuine	[igakuine]
maandelijks (bw)	igas kuus	[igas ku:s]
elke maand (bw)	iga kuu	[iga ku:]
twee keer per maand	kaks korda kuus	[kaks korda ku:s]
jaar (het)	aasta	[a:sʲta]
dit jaar (bw)	sel aastal	[selʲ a:sʲtalʲ]
volgend jaar (bw)	järgmisel aastal	[jærgmiselʲ a:sʲtalʲ]
vorig jaar (bw)	möödunud aastal	[mø:dunut a:sʲtalʲ]
een jaar geleden (bw)	aasta tagasi	[a:sʲta tagasi]
over een jaar	aasta pärast	[a:sʲta pærasʲt]
over twee jaar	kahe aasta pärast	[kahe a:sʲta pærasʲt]
het hele jaar	kogu aasta	[kogu a:sʲta]
een vol jaar	terve aasta	[terve a:sʲta]
elk jaar	igal aastal	[igalʲ a:sʲtalʲ]
jaar-, jaarlijks (bn)	iga-aastane	[iga-a:sʲtane]
jaarlijks (bw)	igal aastal	[igalʲ a:sʲtalʲ]
4 keer per jaar	neli korda aastas	[neli korda a:sʲtas]
datum (de)	kuupäev	[ku:pæev]
datum (de)	kuupäev	[ku:pæev]
kalender (de)	kalender	[kalender]
een half jaar	pool aastat	[po:lʲ a:sʲtat]
zes maanden	poolaasta	[po:la:sʲta]

| seizoen (bijv. lente, zomer) | hooaeg | [ho:aeg] |
| eeuw (de) | sajand | [sajant] |

22. Meeteenheden

gewicht (het)	kaal	[ka:lʲ]
lengte (de)	pikkus	[pikkus]
breedte (de)	laius	[laius]
hoogte (de)	kõrgus	[kɜrgus]
diepte (de)	sügavus	[sʉgaʋus]
volume (het)	maht	[maht]
oppervlakte (de)	pindala	[pindala]

gram (het)	gramm	[gramm]
milligram (het)	milligramm	[milʲigramm]
kilogram (het)	kilogramm	[kilogramm]
ton (duizend kilo)	tonn	[tonn]
pond (het)	nael	[naelʲ]
ons (het)	unts	[unts]

meter (de)	meeter	[me:ter]
millimeter (de)	millimeeter	[milʲime:ter]
centimeter (de)	sentimeeter	[sentime:ter]
kilometer (de)	kilomeeter	[kilome:ter]
mijl (de)	miil	[mi:lʲ]

duim (de)	toll	[tolʲ]
voet (de)	jalg	[jalʲg]
yard (de)	jard	[jart]

| vierkante meter (de) | ruutmeeter | [ru:tme:ter] |
| hectare (de) | hektar | [hektar] |

liter (de)	liiter	[li:ter]
graad (de)	kraad	[kra:t]
volt (de)	volt	[ʋolʲt]
ampère (de)	amper	[amper]
paardenkracht (de)	hobujõud	[hobujɜut]

hoeveelheid (de)	hulk	[hulʲk]
een beetje ...	veidi ...	[ʋejdi ...]
helft (de)	pool	[po:lʲ]

| dozijn (het) | tosin | [tosin] |
| stuk (het) | tükk | [tʉkk] |

| afmeting (de) | suurus | [su:rus] |
| schaal (bijv. ~ van 1 op 50) | mastaap | [masʲta:p] |

minimaal (bn)	minimaalne	[minima:lʲne]
minste (bn)	kõige väiksem	[kɜige ʋæjksem]
medium (bn)	keskmine	[keskmine]
maximaal (bn)	maksimaalne	[maksima:lʲne]
grootste (bn)	kõige suurem	[kɜige su:rem]

23. Containers

glazen pot (de)	klaaspurk	[kla:spurk]
blik (conserven~)	plekkpurk	[plekkpurk]
emmer (de)	ämber	[æmber]
ton (bijv. regenton)	türn	[tʉnn]
ronde waterbak (de)	pesukauss	[pesukauss]
tank (bijv. watertank-70-ltr)	paak	[pa:k]
heupfles (de)	plasku	[plasku]
jerrycan (de)	kanister	[kanisʲter]
tank (bijv. ketelwagen)	tsistern	[tsisʲtern]
beker (de)	kruus	[kru:s]
kopje (het)	tass	[tass]
schoteltje (het)	alustass	[alusʲtass]
glas (het)	klaas	[kla:s]
wijnglas (het)	veiniklaas	[ʋejnikla:s]
steelpan (de)	pott	[pott]
fles (de)	pudel	[pudelʲ]
flessenhals (de)	pudelikael	[pudelikaelʲ]
karaf (de)	karahvin	[karahʋin]
kruik (de)	kann	[kann]
vat (het)	nõu	[nɜu]
pot (de)	pott	[pott]
vaas (de)	vaas	[ʋa:s]
flacon (de)	pudel	[pudelʲ]
flesje (het)	rohupudel	[rohupudelʲ]
tube (bijv. ~ tandpasta)	tuub	[tu:b]
zak (bijv. ~ aardappelen)	kott	[kott]
tasje (het)	kilekott	[kilekott]
pakje (~ sigaretten, enz.)	pakk	[pakk]
doos (de)	karp	[karp]
kist (de)	kast	[kasʲt]
mand (de)	korv	[korʋ]

MENS

Mens. Het lichaam

24. Hoofd

hoofd (het)	pea	[pea]
gezicht (het)	nägu	[nægu]
neus (de)	nina	[nina]
mond (de)	suu	[suː]
oog (het)	silm	[silʲm]
ogen (mv.)	silmad	[silʲmat]
pupil (de)	silmatera	[silʲmatera]
wenkbrauw (de)	kulm	[kulʲm]
wimper (de)	ripse	[ripse]
ooglid (het)	silmalaug	[silʲmalaug]
tong (de)	keel	[keːlʲ]
tand (de)	hammas	[hammas]
lippen (mv.)	huuled	[huːlet]
jukbeenderen (mv.)	põsesarnad	[pɜsesarnat]
tandvlees (het)	ige	[ige]
gehemelte (het)	suulagi	[suːlagi]
neusgaten (mv.)	sõõrmed	[sɜːrmet]
kin (de)	lõug	[lɜug]
kaak (de)	lõualuu	[lɜualuː]
wang (de)	põsk	[pɜsk]
voorhoofd (het)	laup	[laup]
slaap (de)	meelekoht	[meːlekoht]
oor (het)	kõrv	[kɜrʊ]
achterhoofd (het)	kukal	[kukalʲ]
hals (de)	kael	[kaelʲ]
keel (de)	kõri	[kɜri]
haren (mv.)	juuksed	[juːkset]
kapsel (het)	soeng	[soeng]
haarsnit (de)	juukselõikus	[juːkselɜikus]
pruik (de)	parukas	[parukas]
snor (de)	vuntsid	[ʊuntsit]
baard (de)	habe	[habe]
dragen (een baard, enz.)	kandma	[kandma]
vlecht (de)	pats	[pats]
bakkebaarden (mv.)	bakenbardid	[bakenbardit]
ros (roodachtig, rossig)	punapea	[punapea]
grijs (~ haar)	hall	[halʲ]

kaal (bn)	kiilas	[ki:las]
kale plek (de)	kiilaspea	[ki:laspea]
paardenstaart (de)	hobusesaba	[hobusesaba]
pony (de)	tukk	[tukk]

25. Menselijk lichaam

hand (de)	käelaba	[kæəlaba]
arm (de)	käsi	[kæsi]
vinger (de)	sõrm	[sɜrm]
teen (de)	varvas	[ʋarʋas]
duim (de)	põial	[pøialʲ]
pink (de)	väike sõrm	[ʋæjke sɜrm]
nagel (de)	küüs	[kʉ:s]
vuist (de)	rusikas	[rusikas]
handpalm (de)	peopesa	[peopesa]
pols (de)	ranne	[ranne]
voorarm (de)	küünarvars	[kʉ:narʋars]
elleboog (de)	küünarnukk	[kʉ:narnukk]
schouder (de)	õlg	[ɜlʲg]
been (rechter ~)	säär	[sæ:r]
voet (de)	jalalaba	[jalalaba]
knie (de)	põlv	[pɜlʲʋ]
kuit (de)	sääremari	[sæ:remari]
heup (de)	puus	[pu:s]
hiel (de)	kand	[kant]
lichaam (het)	keha	[keha]
buik (de)	kõht	[kɜht]
borst (de)	rind	[rint]
borst (de)	rind	[rint]
zijde (de)	külg	[kʉlʲg]
rug (de)	selg	[selʲg]
lage rug (de)	risluud	[risʲtlu:t]
taille (de)	talje	[talje]
navel (de)	naba	[naba]
billen (mv.)	tuharad	[tuharat]
achterwerk (het)	tagumik	[tagumik]
huidvlek (de)	sünnimärk	[sʉnnimærk]
moedervlek (de)	sünnimärk	[sʉnnimærk]
tatoeage (de)	tätoveering	[tætoʋe:ring]
litteken (het)	arm	[arm]

Kleding en accessoires

26. Bovenkleding. Jassen

kleren (mv.), kleding (de)	riided	[ri:det]
bovenkleding (de)	üleriided	[ʉleri:det]
winterkleding (de)	talveriided	[talʲʋeri:det]
jas (de)	mantel	[mantelʲ]
bontjas (de)	kasukas	[kasukas]
bontjasje (het)	poolkasukas	[po:lʲkasukas]
donzen jas (de)	sulejope	[sulejope]
jasje (bijv. een leren ~)	jope	[jope]
regenjas (de)	vihmamantel	[ʋihmamantelʲ]
waterdicht (bn)	veekindel	[ʋe:kindelʲ]

27. Heren & dames kleding

overhemd (het)	särk	[særk]
broek (de)	püksid	[pʉksit]
jeans (de)	teksapüksid	[teksapʉksit]
colbert (de)	pintsak	[pintsak]
kostuum (het)	ülikond	[ʉlikont]
jurk (de)	kleit	[klejt]
rok (de)	seelik	[se:lik]
blouse (de)	pluus	[plu:s]
wollen vest (de)	villane jakk	[ʋilʲæne jakk]
blazer (kort jasje)	pluus	[plu:s]
T-shirt (het)	T-särk	[t-særk]
shorts (mv.)	põlvpüksid	[pəlʲʋpʉksit]
trainingspak (het)	dress	[dress]
badjas (de)	hommikumantel	[hommikumantelʲ]
pyjama (de)	pidžaama	[pidʒa:ma]
sweater (de)	sviiter	[sʋi:ter]
pullover (de)	pullover	[pulʲoʋer]
gilet (het)	vest	[ʋesʲt]
rokkostuum (het)	frakk	[frakk]
smoking (de)	smoking	[smoking]
uniform (het)	vormiriietus	[ʋormiri:etus]
werkkleding (de)	tööriietus	[tø:ri:etus]
overall (de)	kombinesoon	[kombineso:n]
doktersjas (de)	kittel	[kittelʲ]

28. Kleding. Ondergoed

ondergoed (het)	pesu	[pesu]
herenslip (de)	trussikud	[trussikut]
slipjes (mv.)	trussikud	[trussikut]
onderhemd (het)	alussärk	[alussærk]
sokken (mv.)	sokid	[sokit]
nachthemd (het)	öösärk	[ø:særk]
beha (de)	rinnahoidja	[rinnahojdja]
kniekousen (mv.)	põlvikud	[pɜlʲʋikut]
panty (de)	sukkpüksid	[sukkpʉksit]
nylonkousen (mv.)	sukad	[sukat]
badpak (het)	trikoo	[triko:]

29. Hoofddeksels

hoed (de)	müts	[mʉts]
deukhoed (de)	kaabu	[ka:bu]
honkbalpet (de)	pesapallimüts	[pesapalʲimʉts]
kleppet (de)	soni	[soni]
baret (de)	barett	[barett]
kap (de)	kapuuts	[kapu:ts]
panamahoed (de)	panama	[panama]
gebreide muts (de)	kootud müts	[ko:tut mʉts]
hoofddoek (de)	rätik	[rætik]
dameshoed (de)	kübar	[kʉbar]
veiligheidshelm (de)	kiiver	[ki:ʋer]
veldmuts (de)	pilotka	[pilotka]
helm, valhelm (de)	lerdurimüts	[lendurimʉts]
bolhoed (de)	kübar	[kʉbar]
hoge hoed (de)	silinder	[silinder]

30. Schoeisel

schoeisel (het)	jalatsid	[jalatsit]
schoenen (mv.)	poolsaapad	[po:lʲsa:pat]
vrouwenschoenen (mv.)	kingad	[kingat]
laarzen (mv.)	saapad	[sa:pat]
pantoffels (mv.)	sussid	[sussit]
sportschoenen (mv.)	tossud	[tossut]
sneakers (mv.)	ketsid	[ketsit]
sandalen (mv.)	sandaalid	[sanda:lit]
schoenlapper (de)	kingsepp	[kingsepp]
hiel (de)	konts	[konts]

paar (een ~ schoenen)	paar	[pa:r]
veter (de)	kingapael	[kingapaelʲ]
rijgen (schoenen ~)	kingapaelu siduma	[kingapaelu siduma]
schoenlepel (de)	kingalusikas	[kingalusikas]
schoensmeer (de/het)	kingakreem	[kingakre:m]

31. Persoonlijke accessoires

handschoenen (mv.)	sõrmkindad	[sɜrmkindat]
wanten (mv.)	labakindad	[labakindat]
sjaal (fleece ~)	sall	[salʲ]
bril (de)	prillid	[prilʲit]
brilmontuur (het)	prilliraamid	[prilʲira:mit]
paraplu (de)	vihmavari	[ʋihmaʋari]
wandelstok (de)	jalutuskepp	[jalutuskepp]
haarborstel (de)	juuksehari	[ju:ksehari]
waaier (de)	lehvik	[lehʋik]
das (de)	lips	[lips]
strikje (het)	kikilips	[kikilips]
bretels (mv.)	traksid	[traksit]
zakdoek (de)	taskurätik	[taskurætik]
kam (de)	kamm	[kamm]
haarspeldje (het)	juukseklamber	[ju:kseklamber]
schuifspeldje (het)	juuksenõel	[ju:ksenɜelʲ]
gesp (de)	pannal	[pannalʲ]
broekriem (de)	vöö	[ʋø:]
draagriem (de)	rihm	[rihm]
handtas (de)	kott	[kott]
damestas (de)	käekott	[kæəkott]
rugzak (de)	seljakott	[seljakott]

32. Kleding. Diversen

mode (de)	mood	[mo:t]
de mode (bn)	moodne	[mo:dne]
kledingstilist (de)	moekunstnik	[moekunsʲtnik]
kraag (de)	krae	[krae]
zak (de)	tasku	[tasku]
zak- (abn)	tasku-	[tasku-]
mouw (de)	varrukas	[ʋarrukas]
lusje (het)	tripp	[tripp]
gulp (de)	püksiauk	[pʉksiauk]
rits (de)	tömblukk	[tɜmblukk]
sluiting (de)	kinnis	[kinnis]
knoop (de)	nööp	[nø:p]

knoopsgat (het)	nööpauk	[nø:pauk]
losraken (bijv. knopen)	eest ära tulema	[e:sʲt æra tulema]
naaien (kleren, enz.)	õmblema	[ɜmblema]
borduren (ww)	tikkima	[tikkima]
borduursel (het)	tikkimine	[tikkimine]
naald (de)	nõel	[nɜelʲ]
draad (de)	niit	[ni:t]
naad (de)	õmblus	[ɜmblus]
vies worden (ww)	ära määrima	[æra mæ:rima]
vlek (de)	plekk	[plekk]
gekreukt raken (ov. kleren)	kortsu minema	[kortsu minema]
scheuren (ov.ww.)	katki minema	[katki minema]
mot (de)	koi	[koj]

33. Persoonlijke verzorging. Schoonheidsmiddelen

tandpasta (de)	hambapasta	[hambapasʲta]
tandenborstel (de)	hambahari	[hambahari]
tanden poetsen (ww)	hambaid pesema	[hambait pesema]
scheermes (het)	pardel	[pardelʲ]
scheerschuim (het)	habemeajamiskreem	[habemeajamiskre:m]
zich scheren (ww)	habet ajama	[habet ajama]
zeep (de)	seep	[se:p]
shampoo (de)	šampoon	[ʃampo:n]
schaar (de)	käärid	[kæ:rit]
nagelvijl (de)	küüneviil	[kʉ:neʋi:lʲ]
nagelknipper (de)	küünekäärid	[kʉ:nekæ:rit]
pincet (het)	pintsett	[pintsett]
cosmetica (de)	kosmeetika	[kosme:tika]
masker (het)	mask	[mask]
manicure (de)	maniküür	[manikʉ:r]
manicure doen	maniküüri tegema	[manikʉ:ri tegema]
pedicure (de)	pediküür	[pedikʉ:r]
cosmetica tasje (het)	kosmeetikakott	[kosme:tikakott]
poeder (de/het)	puuder	[pu:der]
poederdoos (de)	puudritoos	[pu:drito:s]
rouge (de)	põsepuna	[pɜsepuna]
parfum (de/het)	lõhnaõli	[lɜhnaɜli]
eau de toilet (de)	tualettvesi	[tualettʋesi]
lotion (de)	näovesi	[næoʋesi]
eau de cologne (de)	odekolonn	[odekolonn]
oogschaduw (de)	lauvärv	[lauʋærʋ]
oogpotlood (het)	silmapliiats	[silʲmapli:ats]
mascara (de)	ripsmetušš	[ripsmetuʃʃ]
lippenstift (de)	huulepulk	[hu:lepulʲk]

35

nagellak (de)	küünelakk	[kʉːnelakk]
haarlak (de)	juukselakk	[juːkselakk]
deodorant (de)	desodorant	[desodorant]

crème (de)	kreem	[kreːm]
gezichtscrème (de)	näokreem	[næokreːm]
handcrème (de)	kätekreem	[kætekreːm]
antirimpelcrème (de)	kortsudevastane kreem	[kortsudeʋasʲtane kreːm]
dagcrème (de)	päevakreem	[pæeʋakreːm]
nachtcrème (de)	öökreem	[øːkreːm]
dag- (abn)	päeva-	[pæeʋa-]
nacht- (abn)	öö-	[øː-]

tampon (de)	tampoon	[tampoːn]
toiletpapier (het)	tualettpaber	[tualettpaber]
föhn (de)	föön	[føːn]

34. Horloges. Klokken

polshorloge (het)	käekell	[kæækelʲ]
wijzerplaat (de)	sihverplaat	[sihʋerplaːt]
wijzer (de)	osuti	[osuti]
metalen horlogeband (de)	kellarihm	[kelʲærihm]
horlogebandje (het)	kellarihm	[kelʲærihm]

batterij (de)	patarei	[patarej]
leeg zijn (ww)	tühjaks saama	[tʉhjaks saːma]
batterij vervangen	patareid vahetama	[patarejt ʋahetama]
voorlopen (ww)	ette käima	[ette kæjma]
achterlopen (ww)	taha jääma	[taha jæːma]

wandklok (de)	seinakell	[sejnakelʲ]
zandloper (de)	liivakell	[liːʋakelʲ]
zonnewijzer (de)	päiksekell	[pæjksekelʲ]
wekker (de)	äratuskell	[æratuskelʲ]
horlogemaker (de)	kellassepp	[kelʲæssepp]
repareren (ww)	parandama	[parandama]

Voedsel. Voeding

35. Voedsel

vlees (het)	liha	[liha]
kip (de)	kana	[kana]
kuiken (het)	kanapoeg	[kanapoeg]
eend (de)	part	[part]
gans (de)	hani	[hani]
wild (het)	metslinnud	[metslinnut]
kalkoen (de)	kalkun	[kalʲkun]
varkensvlees (het)	sealiha	[sealiha]
kalfsvlees (het)	vasikaliha	[ʋasikaliha]
schapenvlees (het)	lambaliha	[lambaliha]
rundvlees (het)	loomaliha	[lo:maliha]
konijnenvlees (het)	küülik	[kü:lik]
worst (de)	vorst	[ʋorsʲt]
saucijs (de)	viiner	[ʋi:ner]
spek (het)	peekon	[pe:kon]
ham (de)	sink	[sink]
gerookte achterham (de)	sink	[sink]
paté, pastei (de)	pasteet	[pasʲte:t]
lever (de)	maks	[maks]
gehakt (het)	hakkliha	[hakkliha]
tong (de)	keel	[ke:lʲ]
ei (het)	muna	[muna]
eieren (mv.)	munad	[munat]
eiwit (het)	munavalge	[munaʋalʲge]
eigeel (het)	munakollane	[munakolʲæne]
vis (de)	kala	[kala]
zeevruchten (mv.)	mereannid	[mereannit]
schaaldieren (mv.)	koorikloomad	[ko:riklo:mat]
kaviaar (de)	kalamari	[kalamari]
krab (de)	krabi	[krabi]
garnaal (de)	krevett	[kreʋett]
oester (de)	auster	[ausʲter]
langoest (de)	langust	[langusʲt]
octopus (de)	kaheksajalg	[kaheksajalʲg]
inktvis (de)	kalmaar	[kalʲma:r]
steur (de)	tuurakala	[tu:rakala]
zalm (de)	lõhe	[lɜhe]
heilbot (de)	paltus	[palʲtus]
kabeljauw (de)	tursk	[tursk]

makreel (de)	skumbria	[skumbria]
tonijn (de)	tuunikala	[tu:nikala]
paling (de)	angerjas	[angerjas]
forel (de)	forell	[forelʲ]
sardine (de)	sardiin	[sardi:n]
snoek (de)	haug	[haug]
haring (de)	heeringas	[he:ringas]
brood (het)	leib	[lejb]
kaas (de)	juust	[ju:sʲt]
suiker (de)	suhkur	[suhkur]
zout (het)	sool	[so:lʲ]
rijst (de)	riis	[ri:s]
pasta (de)	makaronid	[makaronit]
noedels (mv.)	lintnuudlid	[lintnu:tlit]
boter (de)	või	[uɜi]
plantaardige olie (de)	taimeõli	[taimeɜli]
zonnebloemolie (de)	päevalilleõli	[pæeualilʲeɜli]
margarine (de)	margariin	[margari:n]
olijven (mv.)	oliivid	[oli:uit]
olijfolie (de)	oliivõli	[oli:uɜli]
melk (de)	piim	[pi:m]
gecondenseerde melk (de)	kondenspiim	[kondenspi:m]
yoghurt (de)	jogurt	[jogurt]
zure room (de)	hapukoor	[hapuko:r]
room (de)	koor	[ko:r]
mayonaise (de)	majonees	[majone:s]
crème (de)	kreem	[kre:m]
graan (het)	tangud	[tangut]
meel (het), bloem (de)	jahu	[jahu]
conserven (mv.)	konservid	[konseruit]
maïsvlokken (mv.)	maisihelbed	[maisihelʲbet]
honing (de)	mesi	[mesi]
jam (de)	džemm	[dʒemm]
kauwgom (de)	närimiskumm	[nærimiskumm]

36. Drankjes

water (het)	vesi	[uesi]
drinkwater (het)	joogivesi	[jo:giuesi]
mineraalwater (het)	mineraalvesi	[minera:lʲuesi]
zonder gas	gaasita	[ga:sita]
koolzuurhoudend (bn)	gaseeritud	[gase:ritut]
bruisend (bn)	gaasiga	[ga:siga]
IJs (het)	jää	[jæ:]

met ijs	jääga	[jæ:ga]
alcohol vrij (bn)	alkoholivaba	[alʲkoholiʋaba]
alcohol vrije drank (de)	alkoholivaba jook	[alʲkoholiʋaba jo:k]
frisdrank (de)	karastusjook	[karasʲtusjo:k]
limonade (de)	limonaad	[limona:t]
alcoholische dranken (mv.)	alkoholsed joogid	[alʲkoho:lʲset jo:git]
wijn (de)	vein	[ʋejn]
witte wijn (de)	valge vein	[ʋalʲge ʋejn]
rode wijn (de)	punane vein	[punane ʋejn]
likeur (de)	liköör	[likø:r]
champagne (de)	šampus	[ʃampus]
vermout (de)	vermut	[ʋermut]
whisky (de)	viski	[ʋiski]
wodka (de)	viin	[ʋi:n]
gin (de)	džinn	[dʒinn]
cognac (de)	konjak	[konjak]
rum (de)	rumm	[rumm]
koffie (de)	kohv	[kohʋ]
zwarte koffie (de)	must kohv	[musʲt kohʋ]
koffie (de) met melk	piimaga kohv	[pi:maga kohʋ]
cappuccino (de)	koorega kohv	[ko:rega kohʋ]
oploskoffie (de)	lahustuv kohv	[lahusʲtuʋ kohʋ]
melk (de)	piim	[pi:m]
cocktail (de)	kokteil	[koktejlʲ]
milkshake (de)	piimakokteil	[pi:makoktejlʲ]
sap (het)	mahl	[mahlʲ]
tomatensap (het)	tomatimahl	[tomatimahlʲ]
sinaasappelsap (het)	apelsinimahl	[apelʲsinimahlʲ]
vers geperst sap (het)	värskelt pressitud mahl	[ʋærskelʲt pressitut mahlʲ]
bier (het)	õlu	[ɜlu]
licht bier (het)	hele õlu	[hele ɜlu]
donker bier (het)	tume õlu	[tume ɜlu]
thee (de)	tee	[te:]
zwarte thee (de)	must tee	[musʲt te:]
groene thee (de)	roheline tee	[roheline te:]

37. Groenten

groenten (mv.)	juurviljad	[ju:rʋiljat]
verse kruiden (mv.)	maitseroheline	[maitseroheline]
tomaat (de)	tomat	[tomat]
augurk (de)	kurk	[kurk]
wortel (de)	porgand	[porgant]
aardappel (de)	kartul	[kartulʲ]
ui (de)	sibul	[sibulʲ]

knoflook (de)	küüslauk	[kʉːslauk]
kool (de)	kapsas	[kapsas]
bloemkool (de)	lillkapsas	[lilʲkapsas]
spruitkool (de)	brüsseli kapsas	[brʉsseli kapsas]
broccoli (de)	brokkoli	[brokkoli]

rode biet (de)	peet	[peːt]
aubergine (de)	baklažaan	[baklaʒaːn]
courgette (de)	suvikõrvits	[suʋikɜrʋits]
pompoen (de)	kõrvits	[kɜrʋits]
raap (de)	naeris	[naeris]

peterselie (de)	petersell	[peterselʲ]
dille (de)	till	[tilʲ]
sla (de)	salat	[salat]
selderij (de)	seller	[selʲer]
asperge (de)	aspar	[aspar]
spinazie (de)	spinat	[spinat]

erwt (de)	hernes	[hernes]
bonen (mv.)	oad	[oat]
maïs (de)	mais	[mais]
boon (de)	aedoad	[aedoat]

peper (de)	pipar	[pipar]
radijs (de)	redis	[redis]
artisjok (de)	artišokk	[artiʃokk]

38. Vruchten. Noten

vrucht (de)	puuvili	[puːʋili]
appel (de)	õun	[ɜun]
peer (de)	pirn	[pirn]
citroen (de)	sidrun	[sidrun]
sinaasappel (de)	apelsin	[apelʲsin]
aardbei (de)	aedmaasikas	[aedmaːsikas]

mandarijn (de)	mandariin	[mandariːn]
pruim (de)	ploom	[ploːm]
perzik (de)	virsik	[ʋirsik]
abrikoos (de)	aprikoos	[aprikoːs]
framboos (de)	vaarikas	[ʋaːrikas]
ananas (de)	ananass	[ananass]

banaan (de)	banaan	[banaːn]
watermeloen (de)	arbuus	[arbuːs]
druif (de)	viinamarjad	[ʋiːnamarjat]
zure kers (de)	kirss	[kirss]
zoete kers (de)	murel	[murelʲ]
meloen (de)	melon	[melon]

grapefruit (de)	greip	[grejp]
avocado (de)	avokaado	[aʋoka:do]
papaja (de)	papaia	[papaia]

mango (de)	mango	[mango]
granaatappel (de)	granaatõun	[grana:tɜun]
rode bes (de)	punane sõstar	[punane sɜsʲtar]
zwarte bes (de)	must sõstar	[musʲt sɜsʲtar]
kruisbes (de)	karusmari	[karusmari]
bosbes (de)	mustikas	[musʲtikas]
braambes (de)	põldmari	[pɜlʲdmari]
rozijn (de)	rosinad	[rosinat]
vijg (de)	inguver	[inguer]
dadel (de)	dattel	[dattelʲ]
pinda (de)	maapähkel	[ma:pæhkelʲ]
amandel (de)	mandlipähkel	[mantlipæhkelʲ]
walnoot (de)	kreeka pähkel	[kre:ka pæhkelʲ]
hazelnoot (de)	sarapuupähkel	[sarapu:pæhkelʲ]
kokosnoot (de)	kookospähkel	[ko:kospæhkelʲ]
pistaches (mv.)	pistaatsiapähkel	[pisʲta:tsiapæhkelʲ]

39. Brood. Snoep

suikerbakkerij (de)	kondiitritooted	[kondi:trito:tet]
brood (het)	leib	[lejb]
koekje (het)	küpsis	[kupsis]
chocolade (de)	šokolaad	[ʃokola:t]
chocolade- (abn)	šokolaadi-	[ʃokola:di-]
snoepje (het)	komm	[komm]
cakeje (het)	kook	[ko:k]
taart (bijv. verjaardags~)	tort	[tort]
pastei (de)	pirukas	[pirukas]
vulling (de)	täidis	[tæjdis]
confituur (de)	moos	[mo:s]
marmelade (de)	marmelaad	[marmela:t]
wafel (de)	vahvlit	[uahulit]
IJsje (het)	jäätis	[jæ:tis]

40. Bereide gerechten

gerecht (het)	roog	[ro:g]
keuken (bijv. Franse ~)	köök	[kø:k]
recept (het)	retsept	[retsept]
portie (de)	portsjon	[portsjon]
salade (de)	salat	[salat]
soep (de)	supp	[supp]
bouillon (de)	puljong	[puljong]
boterham (de)	võileib	[uɜjlejb]

spiegelei (het)	munaroog	[munaro:g]
hamburger (de)	hamburger	[hamburger]
biefstuk (de)	biifsteek	[bi:fsʲte:k]

garnering (de)	lisand	[lisant]
spaghetti (de)	spagetid	[spagetit]
aardappelpuree (de)	kartulipüree	[kartulipɐre:]
pizza (de)	pitsa	[pitsa]
pap (de)	puder	[puder]
omelet (de)	omlett	[omlett]

gekookt (in water)	keedetud	[ke:detut]
gerookt (bn)	suitsutatud	[suitsutatut]
gebakken (bn)	praetud	[praetut]
gedroogd (bn)	kuivatatud	[kuiʋatatut]
diepvries (bn)	külmutatud	[kɵlʲmutatut]
gemarineerd (bn)	marineeritud	[marine:ritut]

zoet (bn)	magus	[magus]
gezouten (bn)	soolane	[so:lane]
koud (bn)	külm	[kɵlʲm]
heet (bn)	kuum	[ku:m]
bitter (bn)	mõru	[mɜru]
lekker (bn)	maitsev	[maitseʋ]

koken (in kokend water)	keetma	[ke:tma]
bereiden (avondmaaltijd ~)	süüa tegema	[sɵ:a tegema]
bakken (ww)	praadima	[pra:dima]
opwarmen (ww)	soojendama	[so:jendama]

zouten (ww)	soolama	[so:lama]
peperen (ww)	pipardama	[pipardama]
raspen (ww)	riivima	[ri:ʋima]
schil (de)	koor	[ko:r]
schillen (ww)	koorima	[ko:rima]

41. Kruiden

zout (het)	sool	[so:lʲ]
gezouten (bn)	soolane	[so:lane]
zouten (ww)	soolama	[so:lama]

zwarte peper (de)	must pipar	[musʲt pipar]
rode peper (de)	punane pipar	[punane pipar]
mosterd (de)	sinep	[sinep]
mierikswortel (de)	mädarõigas	[mædarɜigas]

condiment (het)	maitseaine	[maitseaine]
specerij , kruiderij (de)	vürts	[ʋɵrts]
saus (de)	kaste	[kasʲte]
azijn (de)	äädikas	[æ:dikas]

anijs (de)	aniis	[ani:s]
basilicum (de)	basiilik	[basi:lik]

kruidnagel (de)	nelk	[nel'k]
gember (de)	ingver	[inguer]
koriander (de)	koriander	[koriander]
kaneel (de/het)	kaneel	[kane:l']
sesamzaad (het)	seesamiseemned	[se:samise:mnet]
laurierblad (het)	loorber	[lo:rber]
paprika (de)	paprika	[paprika]
komijn (de)	köömned	[kø:mnet]
saffraan (de)	safran	[safran]

42. Maaltijden

eten (het)	söök	[sø:k]
eten (ww)	sööma	[sø:ma]
ontbijt (het)	hommikusöök	[hommikusø:k]
ontbijten (ww)	hommikust sööma	[hommikus't sø:ma]
lunch (de)	lõuna	[lɜuna]
lunchen (ww)	lõunat sööma	[lɜunat sø:ma]
avondeten (het)	õhtusöök	[ɜhtusø:k]
souperen (ww)	õhtust sööma	[ɜhtus't sø:ma]
eetlust (de)	söögiisu	[sø:gi:su]
Eet smakelijk!	Head isu!	[heat isu!]
openen (een fles ~)	avama	[auama]
morsen (koffie, enz.)	maha valama	[maha ualama]
zijn gemorst	maha voolama	[maha uo:lama]
koken (water kookt bij 100°C)	keema	[ke:ma]
koken (Hoe om water te ~)	keetma	[ke:tma]
gekookt (~ water)	keedetud	[ke:detut]
afkoelen (koeler maken)	jahutama	[jahutama]
afkoelen (koeler worden)	jahtuma	[jahtuma]
smaak (de)	maitse	[maitse]
nasmaak (de)	kõrvalmaitse	[kɜrual'maitse]
volgen een dieet	kaalus alla võtma	[ka:lus al'æ uɜtma]
dieet (het)	dieet	[die:t]
vitamine (de)	vitamiin	[uitami:n]
calorie (de)	kalor	[kalor]
vegetariër (de)	taimetoitlane	[taimetojtlane]
vegetarisch (bn)	taimetoitluslik	[taimetojtluslik]
vetten (mv.)	rasvad	[rasuat]
eiwitten (mv.)	valgud	[ual'gut]
koolhydraten (mv.)	süsivesikud	[susiuesikut]
snede (de)	viil	[ui:l']
stuk (bijv. een ~ taart)	tükk	[tʉkk]
kruimel (de)	puru	[puru]

43. Tafelschikking

lepel (de)	lusikas	[lusikas]
mes (het)	nuga	[nuga]
vork (de)	kahvel	[kahʋelʲ]
kopje (het)	tass	[tass]
bord (het)	taldrik	[talʲdrik]
schoteltje (het)	alustass	[alusʲtass]
servet (het)	salvrätik	[salʲʋrætik]
tandenstoker (de)	hambaork	[hambaork]

44. Restaurant

restaurant (het)	restoran	[resʲtoran]
koffiehuis (het)	kohvituba	[kohʋituba]
bar (de)	baar	[ba:r]
tearoom (de)	teesalong	[te:salong]
kelner, ober (de)	kelner	[kelʲner]
serveerster (de)	ettekandja	[ettekandja]
barman (de)	baarimees	[ba:rime:s]
menu (het)	menüü	[menʉ:]
wijnkaart (de)	veinikaart	[ʋejnika:rt]
een tafel reserveren	lauda kinni panema	[lauda kinni panema]
gerecht (het)	roog	[ro:g]
bestellen (eten ~)	tellima	[telʲima]
een bestelling maken	tellimust andma	[telʲimusʲt andma]
aperitief (de/het)	aperitiiv	[aperiti:ʋ]
voorgerecht (het)	suupiste	[su:pisʲte]
dessert (het)	magustoit	[magusʲtojt]
rekening (de)	arve	[arʋe]
de rekening betalen	arvet maksma	[arʋet maksma]
wisselgeld teruggeven	raha tagasi andma	[raha tagasi andma]
fooi (de)	jootraha	[jo:traha]

Familie, verwanten en vrienden

45. Persoonlijke informatie. Formulieren

naam (de)	eesnimi	[e:snimi]
achternaam (de)	perekonnnimi	[perekonnnimi]
geboortedatum (de)	sünniaeg	[sʉnniaeg]
geboorteplaats (de)	sünnikoht	[sʉnnikoht]
nationaliteit (de)	rahvus	[rahʊus]
woonplaats (de)	elukoht	[elukoht]
land (het)	riik	[ri:k]
beroep (het)	elukutse	[elukutse]
geslacht (ov. het vrouwelijk ~)	sugu	[sugu]
lengte (de)	kasv	[kasʊ]
gewicht (het)	kaal	[ka:lʲ]

46. Familieleden. Verwanten

moeder (de)	ema	[ema]
vader (de)	isa	[isa]
zoon (de)	poeg	[poeg]
dochter (de)	tütar	[tʉtar]
jongste dochter (de)	noorem tütar	[no:rem tʉtar]
jongste zoon (de)	noorem poeg	[no:rem poeg]
oudste dochter (de)	vanem tütar	[ʊanem tʉtar]
oudste zoon (de)	vanem poeg	[ʊanem poeg]
broer (de)	vend	[ʊent]
oudere broer (de)	vanem vend	[ʊanem ʊent]
jongere broer (de)	noorem vend	[no:rem ʊent]
zuster (de)	õde	[ɜde]
oudere zuster (de)	vanem õde	[ʊanem ɜde]
jongere zuster (de)	noorem õde	[no:rem ɜde]
neef (zoon van oom, tante)	onupoeg	[onupoeg]
nicht (dochter van oom, tante)	onutütar	[onutʉtar]
mama (de)	mamma	[mamma]
papa (de)	papa	[papa]
ouders (mv.)	vanemad	[ʊanemat]
kind (het)	laps	[laps]
kinderen (mv.)	lapsed	[lapset]
oma (de)	vanaema	[ʊanaema]
opa (de)	vanaisa	[ʊanaisa]

kleinzoon (de)	lapselaps	[lapselaps]
kleindochter (de)	lapselaps	[lapselaps]
kleinkinderen (mv.)	lapselapsed	[lapselapset]

oom (de)	onu	[onu]
tante (de)	tädi	[tædi]
neef (zoon van broer, zus)	vennapoeg	[ʋennapoeg]
nicht (dochter van broer ,zus)	vennatütar	[ʋennatʉtar]

schoonmoeder (de)	ämm	[æmm]
schoonvader (de)	äi	[æj]
schoonzoon (de)	väimees	[ʋæjmeːs]
stiefmoeder (de)	võõrasema	[ʋɜːrasema]
stiefvader (de)	võõrasisa	[ʋɜːrasisa]

zuigeling (de)	rinnalaps	[rinnalaps]
wiegenkind (het)	imik	[imik]
kleuter (de)	väikelaps	[ʋæjkelaps]

vrouw (de)	naine	[naine]
man (de)	mees	[meːs]
echtgenoot (de)	abikaasa	[abikaːsa]
echtgenote (de)	abikaasa	[abikaːsa]

gehuwd (mann.)	abielus	[abielus]
gehuwd (vrouw.)	abielus	[abielus]
ongehuwd (mann.)	vallaline	[ʋalʲæline]
vrijgezel (de)	vanapoiss	[ʋanapojss]
gescheiden (bn)	lahutatud	[lahutatut]
weduwe (de)	lesk	[lesk]
weduwnaar (de)	lesk	[lesk]

familielid (het)	sugulane	[sugulane]
dichte familielid (het)	lähedane sugulane	[lʲæhedane sugulane]
verre familielid (het)	kaugelt sugulane	[kaugelʲt sugulane]
familieleden (mv.)	sugulased	[sugulaset]

wees (de), weeskind (het)	orb	[orb]
voogd (de)	eestkostja	[eːsʲtkosʲtja]
adopteren (een jongen te ~)	lapsendama	[lapsendama]
adopteren (een meisje te ~)	lapsendama	[lapsendama]

Geneeskunde

47. Ziekten

ziekte (de)	haigus	[haigus]
ziek zijn (ww)	haige olema	[haige olema]
gezondheid (de)	tervis	[tervis]
snotneus (de)	nohu	[nohu]
angina (de)	angiin	[angi:n]
verkoudheid (de)	külmetus	[kʉlʲmetus]
verkouden raken (ww)	külmetuma	[kʉlʲmetuma]
bronchitis (de)	bronhiit	[bronhi:t]
longontsteking (de)	kopsupõletik	[kopsupɔletik]
griep (de)	gripp	[gripp]
bijziend (bn)	lühinägelik	[lʉhinægelik]
verziend (bn)	kaugenägelik	[kaugenægelik]
scheelheid (de)	kõõrdsilmsus	[kɜ:rdsilʲmsus]
scheel (bn)	kõõrdsilmne	[kɜ:rdsilʲmne]
grauwe staar (de)	katarakt	[katarakt]
glaucoom (het)	glaukoom	[glauko:m]
beroerte (de)	insult	[insulʲt]
hartinfarct (het)	infarkt	[infarkt]
myocardiaal infarct (het)	müokardi infarkt	[mʉokardi infarkt]
verlamming (de)	halvatus	[halʲuatus]
verlammen (ww)	halvama	[halʲuama]
allergie (de)	allergia	[alʲergia]
astma (de/het)	astma	[asʲtma]
diabetes (de)	diabeet	[diabe:t]
tandpijn (de)	hambavalu	[hambavalu]
tandbederf (het)	kaaries	[ka:ries]
diarree (de)	kõhulahtisus	[kɜhulahtisus]
constipatie (de)	kõhukinnisus	[kɜhukinnisus]
maagstoornis (de)	kõhulahtisus	[kɜhulahtisus]
voedselvergiftiging (de)	mürgitus	[mʉrgitus]
voedselvergiftiging oplopen	mürgitust saama	[mʉrgitusʲt sa:ma]
artritis (de)	artriit	[artri:t]
rachitis (de)	rahhiit	[rahhi:t]
reuma (het)	reuma	[reuma]
arteriosclerose (de)	ateroskleroos	[aterosklero:s]
gastritis (de)	gastriit	[gasʲtri:t]
blindedarmontsteking (de)	apenditsiit	[apenditsi:t]

galblaasontsteking (de)	koletsüstiit	[koletsüsʲtiːt]
zweer (de)	haavand	[haːʋant]
mazelen (mv.)	leetrid	[leːtrit]
rodehond (de)	punetised	[punetiset]
geelzucht (de)	kollatõbi	[kolʲætɜbi]
leverontsteking (de)	hepatiit	[hepatiːt]
schizofrenie (de)	skisofreenia	[skisofreːnia]
dolheid (de)	marutaud	[marutaut]
neurose (de)	neuroos	[neuroːs]
hersenschudding (de)	ajuvapustus	[ajuʋapusʲtus]
kanker (de)	vähk	[ʋæhk]
sclerose (de)	skleroos	[skleroːs]
multiple sclerose (de)	hajameelne skleroos	[hajameːlʲne skleroːs]
alcoholisme (het)	alkoholism	[alʲkoholism]
alcoholicus (de)	alkohoolik	[alʲkohoːlik]
syfilis (de)	süüfilis	[süːfilis]
AIDS (de)	AIDS	[aids]
tumor (de)	kasvaja	[kasʋaja]
kwaadaardig (bn)	pahaloomuline	[pahaloːmuline]
goedaardig (bn)	healoomuline	[healoːmuline]
koorts (de)	palavik	[palaʋik]
malaria (de)	malaaria	[malaːria]
gangreen (het)	gangreen	[gangreːn]
zeeziekte (de)	merehaigus	[merehaigus]
epilepsie (de)	epilepsia	[epilepsia]
epidemie (de)	epideemia	[epideːmia]
tyfus (de)	tüüfus	[tüːfus]
tuberculose (de)	tuberkuloos	[tuberkuloːs]
cholera (de)	koolera	[koːlera]
pest (de)	katk	[katk]

48. Symptomen. Behandelingen. Deel 1

symptoom (het)	sümptom	[sümptom]
temperatuur (de)	temperatuur	[temperatuːr]
verhoogde temperatuur (de)	kõrge palavik	[kɜrge palaʋik]
polsslag (de)	pulss	[pulʲss]
duizeling (de)	peapööritus	[peapøːritus]
heet (erg warm)	kuum	[kuːm]
koude rillingen (mv.)	vappekülm	[ʋappekülʲm]
bleek (bn)	kahvatu	[kahʋatu]
hoest (de)	köha	[køha]
hoesten (ww)	köhima	[køhima]
niezen (ww)	aevastama	[aeʋasʲtama]
flauwte (de)	minestus	[minesʲtus]

flauwvallen (ww)	teadvust kaotama	[teaduus't kaotama]
blauwe plek (de)	sinikas	[sinikas]
buil (de)	muhk	[muhk]
zich stoten (ww)	ära lööma	[æra lø:ma]
kneuzing (de)	haiget saanud koht	[haiget sa:nut koht]
kneuzen (gekneusd zijn)	haiget saama	[haiget sa:ma]
hinken (ww)	lonkama	[lonkama]
verstuiking (de)	nihestus	[nihes'tus]
verstuiken (enkel, enz.)	nihestama	[nihes'tama]
breuk (de)	luumurd	[lu:murt]
een breuk oplopen	luud murdma	[lu:t murdma]
snijwond (de)	lõikehaav	[lɜikeha:ʊ]
zich snijden (ww)	endale sisse lõikama	[endale sisse lɜikama]
bloeding (de)	verejooks	[ʋerejo:ks]
brandwond (de)	põletushaav	[pɜletusha:ʊ]
zich branden (ww)	end ära põletama	[ent æra pɜletama]
prikken (ww)	torkama	[torkama]
zich prikken (ww)	end torkama	[ent torkama]
blesseren (ww)	kergelt haavama	[kergel't ha:ʊama]
blessure (letsel)	vigastus	[ʋigas'tus]
wond (de)	haav	[ha:ʊ]
trauma (het)	trauma	[trauma]
ijlen (ww)	sonima	[sonima]
stotteren (ww)	kokutama	[kokutama]
zonnesteek (de)	päiksepiste	[pæjksepis'te]

49. Symptomen. Behandelingen. Deel 2

pijn (de)	valu	[ʊalu]
splinter (de)	pind	[pint]
zweet (het)	higi	[higi]
zweten (ww)	higistama	[higis'tama]
braking (de)	okse	[okse]
stuiptrekkingen (mv.)	krambid	[krambit]
zwanger (bn)	rase	[rase]
geboren worden (ww)	sündima	[sʉndima]
geboorte (de)	sünnitus	[sʉnnitus]
baren (ww)	sünnitama	[sʉnnitama]
abortus (de)	abort	[abort]
ademhaling (de)	hingamine	[hingamine]
inademing (de)	sissehingamine	[sissehingamine]
uitademing (de)	väljahingamine	[ʋæljahingamine]
uitademen (ww)	välja hingama	[ʋælja hingama]
inademen (ww)	sisse hingama	[sisse hingama]
invalide (de)	invaliid	[inʊali:t]
gehandicapte (de)	vigane	[ʊigane]

drugsverslaafde (de)	narkomaan	[narkoma:n]
doof (bn)	kurt	[kurt]
stom (bn)	tumm	[tumm]
doofstom (bn)	kurttumm	[kurttumm]
krankzinnig (bn)	hullumeelne	[hulʲume:lʲne]
krankzinnige (man)	vaimuhaige	[ʋaimuhaige]
krankzinnige (vrouw)	vaimuhaige	[ʋaimuhaige]
krankzinnig worden	hulluks minema	[hulʲuks minema]
gen (het)	geen	[ge:n]
immuniteit (de)	immuniteet	[immunite:t]
erfelijk (bn)	pärilik	[pærilik]
aangeboren (bn)	kaasasündinud	[ka:sasɵndinut]
virus (het)	viirus	[ʋi:rus]
microbe (de)	mikroob	[mikro:b]
bacterie (de)	bakter	[bakter]
infectie (de)	nakkus	[nakkus]

50. Symptomen. Behandelingen. Deel 3

ziekenhuis (het)	haigla	[haigla]
patiënt (de)	patsient	[patsient]
diagnose (de)	diagnoos	[diagno:s]
genezing (de)	iseravimine	[iseraʋimine]
medische behandeling (de)	ravimine	[raʋimine]
onder behandeling zijn	ennast ravima	[ennasʲt raʋima]
behandelen (ww)	ravima	[raʋima]
zorgen (zieken ~)	hoolitsema	[ho:litsema]
ziekenzorg (de)	hoolitsus	[ho:litsus]
operatie (de)	operatsioon	[operatsio:n]
verbinden (een arm ~)	siduma	[siduma]
verband (het)	sidumine	[sidumine]
vaccin (het)	vaktsineerimine	[ʋaktsine:rimine]
inenten (vaccineren)	vaktsineerima	[ʋaktsine:rima]
injectie (de)	süst	[sɵsʲt]
een injectie geven	süstima	[sɵsʲtima]
aanval (de)	haigushoog	[haigusho:g]
amputatie (de)	amputeerimine	[ampute:rimine]
amputeren (ww)	amputeerima	[ampute:rima]
coma (het)	kooma	[ko:ma]
in coma liggen	koomas olema	[ko:mas olema]
intensieve zorg, ICU (de)	reanimatsioon	[reanimatsio:n]
zich herstellen (ww)	terveks saama	[terʋeks sa:ma]
toestand (de)	seisund	[sejsunt]
bewustzijn (het)	teadvus	[teadʋus]
geheugen (het)	mälu	[mælu]
trekken (een kies ~)	hammast välja tõmbama	[hammasʲt ʋælja tɜmbama]

| vulling (de) | plomm | [plomm] |
| vullen (ww) | plombeerima | [plombe:rima] |

| hypnose (de) | hüpnoos | [hüpno:s] |
| hypnotiseren (ww) | hüpnotiseerima | [hüpnotise:rima] |

51. Artsen

dokter, arts (de)	arst	[arsʲt]
ziekenzuster (de)	medõde	[medɜde]
lijfarts (de)	isiklik arst	[isiklik arsʲt]

tandarts (de)	hambaarst	[hamba:rsʲt]
oogarts (de)	silmaarst	[silʲma:rsʲt]
therapeut (de)	sisearst	[sisearsʲt]
chirurg (de)	kirurg	[kirurg]

psychiater (de)	psühhiaater	[psʉhhia:ter]
pediater (de)	lastearst	[lasʲtearsʲt]
psycholoog (de)	psühholoog	[psʉhholo:g]
gynaecoloog (de)	naistearst	[naisʲtearsʲt]
cardioloog (de)	kardioloog	[kardiolo:g]

52. Geneeskunde. Medicijnen. Accessoires

geneesmiddel (het)	ravim	[rauim]
middel (het)	vahend	[uahent]
voorschrijven (ww)	välja kirjutama	[uælja kirjutama]
recept (het)	retsept	[retsept]

tablet (de/het)	tablett	[tablett]
zalf (de)	salv	[salʲu]
ampul (de)	ampull	[ampulʲ]
drank (de)	mikstuur	[miksʲtu:r]
siroop (de)	siirup	[si:rup]
pil (de)	pill	[pilʲ]
poeder (de/het)	pulber	[pulʲber]

verband (het)	side	[side]
watten (mv.)	vatt	[uatt]
jodium (het)	jood	[jo:t]

pleister (de)	plaaster	[pla:sʲter]
pipet (de)	pipett	[pipett]
thermometer (de)	kraadiklaas	[kra:dikla:s]
spuit (de)	süstal	[sʉsʲtalʲ]

| rolstoel (de) | invaliidikäru | [inuali:dikæru] |
| krukken (mv.) | kargud | [kargut] |

| pijnstiller (de) | valuvaigisti | [ualuuaigisʲti] |
| laxeermiddel (het) | kõhulahtisti | [kɜhulahtisʲti] |

spiritus (de)	**piiritus**	[pi:ritus]
medicinale kruiden (mv.)	**maarohud**	[ma:rohut]
kruiden- (abn)	**maarohtudest**	[ma:rohtudesʲt]

HET MENSELIJKE LEEFGEBIED

Stad

53. Stad. Het leven in de stad

stad (de)	linn	[linn]
hoofdstad (de)	pealinn	[pealinn]
dorp (het)	küla	[kʉla]
plattegrond (de)	linnaplaan	[linnapla:n]
centrum (ov. een stad)	kesklinn	[kesklinn]
voorstad (de)	linnalähedane asula	[linnalʲæhedane asula]
voorstads- (abn)	linnalähedane	[linnalʲæhedane]
randgemeente (de)	äärelinn	[æ:relinn]
omgeving (de)	ümbrus	[ʉmbrus]
blok (huizenblok)	kvartal	[kʋartalʲ]
woonwijk (de)	elamukvartal	[elamukʋartalʲ]
verkeer (het)	liiklus	[li:klus]
verkeerslicht (het)	valgusfoor	[ʋalʲgusfo:r]
openbaar vervoer (het)	linnatransport	[linnatransport]
kruispunt (het)	ristmik	[risʲtmik]
zebrapad (oversteekplaats)	ülekäik	[ʉlekæjk]
onderdoorgang (de)	jalakäijate tunnel	[jalakæjjate tunnelʲ]
oversteken (de straat ~)	üle tänava minema	[ʉle tænaʋa minema]
voetganger (de)	jalakäija	[jalakæjja]
trottoir (het)	kõnnitee	[kɔnnite:]
brug (de)	sild	[silʲt]
dijk (de)	kaldapealne	[kalʲdapealʲne]
fontein (de)	purskkaev	[purskkaeʋ]
allee (de)	allee	[alʲe:]
park (het)	park	[park]
boulevard (de)	puiestee	[puiesʲte:]
plein (het)	väljak	[ʋæljak]
laan (de)	prospekt	[prospekt]
straat (de)	tänav	[tænaʋ]
zijstraat (de)	põiktänav	[pɔiktænaʋ]
doodlopende straat (de)	umbtänav	[umbtænaʋ]
huis (het)	maja	[maja]
gebouw (het)	hoone	[ho:ne]
wolkenkrabber (de)	pilvelõhkuja	[pilʲʋelɜhkuja]
gevel (de)	fassaad	[fassa:t]
dak (het)	katus	[katus]

venster (het)	aken	[aken]
boog (de)	võlv	[vɜlʲu]
pilaar (de)	sammas	[sammas]
hoek (ov. een gebouw)	nurk	[nurk]

vitrine (de)	vaateaken	[ʋaːteaken]
gevelreclame (de)	silt	[silʲt]
affiche (de/het)	kuulutus	[kuːlutus]
reclameposter (de)	reklaamiplakat	[reklaːmiplakat]
aanplakbord (het)	reklaamikilp	[reklaːmikilʲp]

vuilnis (de/het)	prügi	[prɐgi]
vuilnisbak (de)	prügiurn	[prɐgiurn]
afval weggooien (ww)	prahti maha viskama	[prahti maha ʋiskama]
stortplaats (de)	prügimägi	[prɐgimægi]

telefooncel (de)	telefoniputka	[telefoniputka]
straatlicht (het)	laternapost	[laternaposʲt]
bank (de)	pink	[pink]

politieagent (de)	politseinik	[politsejnik]
politie (de)	politsei	[politsej]
zwerver (de)	kerjus	[kerjus]
dakloze (de)	pätt	[pætt]

54. Stedelijke instellingen

winkel (de)	kauplus	[kauplus]
apotheek (de)	apteek	[apteːk]
optiek (de)	optika	[optika]
winkelcentrum (het)	kaubanduskeskus	[kaubanduskeskus]
supermarkt (de)	supermarket	[supermarket]

bakkerij (de)	leivapood	[lejʋapoːt]
bakker (de)	pagar	[pagar]
banketbakkerij (de)	kondiitripood	[kondiːtripoːt]
kruidenier (de)	toidupood	[tojdupoːt]
slagerij (de)	lihakarn	[lihakarn]

groentewinkel (de)	juurviljapood	[juːrʋiljapoːt]
markt (de)	turg	[turg]

koffiehuis (het)	kohvik	[kohʋik]
restaurant (het)	restoran	[resʲtoran]
bar (de)	õllebaar	[ɜlʲebaːr]
pizzeria (de)	pitsabaar	[pitsabaːr]

kapperssalon (de/het)	juuksurisalong	[juːksurisalong]
postkantoor (het)	postkontor	[posʲtkontor]
stomerij (de)	keemiline puhastus	[keːmiline puhasʲtus]
fotostudio (de)	fotoateljee	[fotoateljeː]

schoenwinkel (de)	kingapood	[kingapoːt]
boekhandel (de)	raamatukauplus	[raːmatukauplus]

sportwinkel (de)	sporditarvete kauplus	[sporditarvete kauplus]
kledingreparatie (de)	rõivasteparandus	[ri:eteparandus]
kledingverhuur (de)	rõivastelaenutus	[ri:etelaenutus]
videotheek (de)	filmilaenutus	[filʲmilaenutus]
circus (de/het)	tsirkus	[tsirkus]
dierentuin (de)	loomaaed	[lo:ma:et]
bioscoop (de)	kino	[kino]
museum (het)	muuseum	[mu:seum]
bibliotheek (de)	raamatukogu	[ra:matukogu]
theater (het)	teater	[teater]
opera (de)	ooper	[o:per]
nachtclub (de)	ööklubi	[ø:klubi]
casino (het)	kasiino	[kasi:no]
moskee (de)	mošee	[moʃe:]
synagoge (de)	sünagoog	[sʉnago:g]
kathedraal (de)	katedraal	[katedra:lʲ]
tempel (de)	pühakoda	[pʉhakoda]
kerk (de)	kirik	[kirik]
instituut (het)	instituut	[insʲtitu:t]
universiteit (de)	ülikool	[ʉliko:lʲ]
school (de)	kool	[ko:lʲ]
gemeentehuis (het)	linnaosa valitsus	[linnaosa valitsus]
stadhuis (het)	linnavalitsus	[linnavalitsus]
hotel (het)	hotell	[hotelʲ]
bank (de)	pank	[pank]
ambassade (de)	suursaatkond	[su:rsa:tkont]
reisbureau (het)	reisibüroo	[rejsibʉro:]
informatieloket (het)	teadete büroo	[teadete bʉro:]
wisselkantoor (het)	rahavahetus	[rahavahetus]
metro (de)	metroo	[metro:]
ziekenhuis (het)	haigla	[haigla]
benzinestation (het)	tankla	[tankla]
parking (de)	parkla	[parkla]

55. Borden

gevelreclame (de)	silt	[silʲt]
opschrift (het)	pealkiri	[pealʲkiri]
poster (de)	plakat	[plakat]
wegwijzer (de)	teeviit	[te:vi:t]
pijl (de)	nool	[no:lʲ]
waarschuwing (verwittiging)	hoiatus	[hojatus]
waarschuwingsbord (het)	hoiatus	[hojatus]
waarschuwen (ww)	hoiatama	[hojatama]
vrije dag (de)	puhkepäev	[puhkepæev]

Nederlands	Estisch	Uitspraak
dienstregeling (de)	sõiduplaan	[sɜidupla:n]
openingsuren (mv.)	töötunnid	[tø:tunnit]
WELKOM!	TERE TULEMAST!	[tere tulemasʲt!]
INGANG	SISSEPÄÄS	[sissepæ:s]
UITGANG	VÄLJAPÄÄS	[ʋæljapæ:s]
DUWEN	LÜKKA	[lʉkka]
TREKKEN	TÕMBA	[tɜmba]
OPEN	AVATUD	[aʋatut]
GESLOTEN	SULETUD	[suletut]
DAMES	NAISTELE	[naisʲtele]
HEREN	MEESTELE	[me:sʲtele]
KORTING	SOODUSTUSED	[so:dusʲtuset]
UITVERKOOP	VÄLJAMÜÜK	[ʋæljamʉ:k]
NIEUW!	UUS KAUP!	[u:s kaup!]
GRATIS	TASUTA	[tasuta]
PAS OP!	ETTEVAATUST!	[etteʋa:tusʲt!]
VOLGEBOEKT	TÄIELIKULT BRONEERITUD	[tæjelikulʲt brone:ritut]
GERESERVEERD	RESERVEERITUD	[reserʋe:ritut]
ADMINISTRATIE	JUHTKOND	[juhtkont]
ALLEEN VOOR PERSONEEL	AINULT PERSONALILE	[ainulʲt personalile]
GEVAARLIJKE HOND	KURI KOER	[kuri koer]
VERBODEN TE ROKEN!	MITTE SUITSETADA!	[mitte suitsetada!]
NIET AANRAKEN!	MITTE PUUTUDA!	[mitte pu:tuda!]
GEVAARLIJK	OHTLIK	[ohtlik]
GEVAAR	OHT	[oht]
HOOGSPANNING	KÕRGEPINGE	[kɜrgepinge]
VERBODEN TE ZWEMMEN	UJUMINE KEELATUD!	[ujumine ke:latud!]
BUITEN GEBRUIK	EI TÖÖTA	[ej tø:ta]
ONTVLAMBAAR	TULEOHTLIK	[tuleohtlik]
VERBODEN	KEELATUD	[ke:latut]
DOORGANG VERBODEN	LÄBIKÄIK KEELATUD	[lʲæbikæjk ke:latut]
OPGELET PAS GEVERFD	VÄRSKE VÄRV	[ʋærske ʋærʋ]

56. Stedelijk vervoer

Nederlands	Estisch	Uitspraak
bus, autobus (de)	buss	[buss]
tram (de)	tramm	[tramm]
trolleybus (de)	troll	[trolʲ]
route (de)	marsruut	[marsru:t]
nummer (busnummer, enz.)	number	[number]
rijden met ...	... sõitma	[... sɜitma]
stappen (in de bus ~)	sisenema	[sisenema]

afstappen (ww)	maha minema	[maha minema]
halte (de)	peatus	[peatus]
volgende halte (de)	järgmine peatus	[jærgmine peatus]
eindpunt (het)	lõpp-peatus	[lɔpp-peatus]
dienstregeling (de)	sõiduplaan	[sɔidupla:n]
wachten (ww)	ootama	[o:tama]
kaartje (het)	pilet	[pilet]
reiskosten (de)	pileti hind	[pileti hint]
kassier (de)	kassiir	[kassi:r]
kaartcontrole (de)	piletikontroll	[piletikontrolʲ]
controleur (de)	kontrolör	[kontrolør]
te laat zijn (ww)	hilinema	[hilinema]
missen (de bus ~)	hiljaks jääma	[hiljaks jæ:ma]
zich haasten (ww)	ruttama	[ruttama]
taxi (de)	takso	[takso]
taxichauffeur (de)	taksojuht	[taksojuht]
met de taxi (bw)	taksoga	[taksoga]
taxistandplaats (de)	taksopeatus	[taksopeatus]
een taxi bestellen	taksot välja kutsuma	[taksot υælja kutsuma]
een taxi nemen	taksot võtma	[taksot υɔtma]
verkeer (het)	tänavaliiklus	[tænaυali:klus]
file (de)	liiklusummik	[li:klusummik]
spitsuur (het)	tipptund	[tipptunt]
parkeren (on.ww.)	parkima	[parkima]
parkeren (ov.ww.)	parkima	[parkima]
parking (de)	parkla	[parkla]
metro (de)	metroo	[metro:]
halte (bijv. kleine treinhalte)	jaam	[ja:m]
de metro nemen	metrooga sõitma	[metro:ga sɔitma]
trein (de)	rong	[rong]
station (treinstation)	raudteejaam	[raudte:ja:m]

57. Bezienswaardigheden

monument (het)	mälestussammas	[mælesʲtussammas]
vesting (de)	kindlus	[kintlus]
paleis (het)	loss	[loss]
kasteel (het)	loss	[loss]
toren (de)	torn	[torn]
mausoleum (het)	mausoleum	[mausoleum]
architectuur (de)	arhitektuur	[arhitektu:r]
middeleeuws (bn)	keskaegne	[keskaegne]
oud (bn)	vanaaegne	[υana:egne]
nationaal (bn)	rahvuslik	[rahυuslik]
bekend (bn)	tuntud	[tuntut]
toerist (de)	turist	[turisʲt]
gids (de)	giid	[gi:t]

rondleiding (de)	ekskursioon	[ekskursio:n]
tonen (ww)	näitama	[næjtama]
vertellen (ww)	jutustama	[jutusˈtama]
vinden (ww)	leidma	[lejdma]
verdwalen (de weg kwijt zijn)	ära kaduma	[æra kaduma]
plattegrond (~ van de metro)	skeem	[ske:m]
plattegrond (~ van de stad)	plaan	[pla:n]
souvenir (het)	suveniir	[suʋeni:r]
souvenirwinkel (de)	suveniirikauplus	[suʋeni:rikauplus]
een foto maken (ww)	pildistama	[pilʲdisˈtama]
zich laten fotograferen	laskma pildistada	[laskma pilʲdisˈtada]

58. Winkelen

kopen (ww)	ostma	[osˈtma]
aankoop (de)	ost	[osˈt]
winkelen (ww)	oste tegema	[osˈte tegema]
winkelen (het)	šoppamine	[ʃoppamine]
open zijn (ov. een winkel, enz.)	lahti olema	[lahti olema]
gesloten zijn (ww)	kinni olema	[kinni olema]
schoeisel (het)	jalatsid	[jalatsit]
kleren (mv.)	riided	[ri:det]
cosmetica (de)	kosmeetika	[kosme:tika]
voedingswaren (mv.)	toiduained	[tojduainet]
geschenk (het)	kingitus	[kingitus]
verkoper (de)	müüja	[mʉ:ja]
verkoopster (de)	müüja	[mʉ:ja]
kassa (de)	kassa	[kassa]
spiegel (de)	peegel	[pe:gelʲ]
toonbank (de)	lett	[lett]
paskamer (de)	proovikabiin	[pro:ʋikabi:n]
aanpassen (ww)	selga proovima	[selʲga pro:ʋima]
passen (ov. kleren)	paras olema	[paras olema]
bevallen (prettig vinden)	meeldima	[me:lʲdima]
prijs (de)	hind	[hint]
prijskaartje (het)	hinnalipik	[hinnalipik]
kosten (ww)	maksma	[maksma]
Hoeveel?	Kui palju?	[kui palju?]
korting (de)	allahindlus	[alʲæhintlus]
niet duur (bn)	odav	[odaʋ]
goedkoop (bn)	odav	[odaʋ]
duur (bn)	kallis	[kalʲis]
Dat is duur.	See on kallis.	[se: on kalʲis]
verhuur (de)	laenutus	[laenutus]

huren (smoking, enz.)	laenutama	[laenutama]
krediet (het)	pangalaen	[pangalaen]
op krediet (bw)	krediiti võtma	[kredi:ti ʋɜtma]

59. Geld

geld (het)	raha	[raha]
ruil (de)	vahetus	[ʋahetus]
koers (de)	kurss	[kurss]
geldautomaat (de)	pangaautomaat	[panga:utoma:t]
muntstuk (de)	münt	[mʉnt]

| dollar (de) | dollar | [dolʲær] |
| euro (de) | euro | [euro] |

lire (de)	liir	[li:r]
Duitse mark (de)	mark	[mark]
frank (de)	frank	[frank]
pond sterling (het)	naelsterling	[naelʲsʲterling]
yen (de)	jeen	[je:n]

schuld (geldbedrag)	võlg	[ʋɜlʲg]
schuldenaar (de)	võlgnik	[ʋɜlʲgnik]
uitlenen (ww)	võlgu andma	[ʋɜlʲgu andma]
lenen (geld ~)	võlgu võtma	[ʋɜlʲgu ʋɜtma]

bank (de)	pank	[pank]
bankrekening (de)	pangakonto	[pangakonto]
storten (ww)	panema	[panema]
op rekening storten	arvele panema	[arʋele panema]
opnemen (ww)	arvelt võtma	[arʋelʲt ʋɜtma]

kredietkaart (de)	krediidikaart	[kredi:dika:rt]
baar geld (het)	sularaha	[sularaha]
cheque (de)	tšekk	[tʃekk]
een cheque uitschrijven	tšekki välja kirjutama	[tʃekki ʋælja kirjutama]
chequeboekje (het)	tšekiraamat	[tʃekira:mat]

portefeuille (de)	rahatasku	[rahatasku]
geldbeugel (de)	rahakott	[rahakott]
safe (de)	seif	[sejf]

erfgenaam (de)	pärija	[pærija]
erfenis (de)	pärandus	[pærandus]
fortuin (het)	varandus	[ʋarandus]

huur (de)	rent	[rent]
huurprijs (de)	korteriüür	[korteriʉ:r]
huren (huis, kamer)	üürima	[ʉ:rima]

prijs (de)	hind	[hint]
kostprijs (de)	maksumus	[maksumus]
som (de)	summa	[summa]
uitgeven (geld besteden)	raiskama	[raiskama]

kosten (mv.)	kulutused	[kulutuset]
bezuinigen (ww)	kokku hoidma	[kokku hojdma]
zuinig (bn)	kokkuhoidlik	[kokkuhojtlik]
betalen (ww)	tasuma	[tasuma]
betaling (de)	maksmine	[maksmine]
wisselgeld (het)	tagasiantav raha	[tagasiantav raha]
belasting (de)	maks	[maks]
boete (de)	trahv	[trahʊ]
beboeten (bekeuren)	trahvima	[trahʊima]

60. Post. Postkantoor

postkantoor (het)	postkontor	[posʲtkontor]
post (de)	post	[posʲt]
postbode (de)	postiljon	[posʲtiljon]
openingsuren (mv.)	töötunnid	[tø:tunnit]
brief (de)	kiri	[kiri]
aangetekende brief (de)	tähitud kiri	[tæhitut kiri]
briefkaart (de)	postkaart	[posʲtka:rt]
telegram (het)	telegramm	[telegramm]
postpakket (het)	pakk	[pakk]
overschrijving (de)	rahaülekanne	[rahaülekanne]
ontvangen (ww)	kätte saama	[kætte sa:ma]
sturen (zenden)	saatma	[sa:tma]
verzending (de)	saatmine	[sa:tmine]
adres (het)	aadress	[a:dress]
postcode (de)	indeks	[indeks]
verzender (de)	saatja	[sa:tja]
ontvanger (de)	saaja	[sa:ja]
naam (de)	eesnimi	[e:snimi]
achternaam (de)	perekonnanimi	[perekonnanimi]
tarief (het)	tariif	[tari:f]
standaard (bn)	harilik	[harilik]
zuinig (bn)	soodustariif	[so:dusʲtari:f]
gewicht (het)	kaal	[ka:lʲ]
afwegen (op de weegschaal)	kaaluma	[ka:luma]
envelop (de)	ümbrik	[ümbrik]
postzegel (de)	mark	[mark]
een postzegel plakken op	marki peale kleepima	[marki peale kle:pima]

Woning. Huis. Thuis

61. Huis. Elektriciteit

elektriciteit (de)	elekter	[elekter]
lamp (de)	elektripirn	[elektripirn]
schakelaar (de)	lüliti	[luliti]
zekering (de)	kork	[kork]
draad (de)	juhe	[juhe]
bedrading (de)	juhtmestik	[juhtmes'tik]
elektriciteitsmeter (de)	arvesti	[arues'ti]
gegevens (mv.)	näit	[næjt]

62. Villa. Herenhuis

landhuisje (het)	maamaja	[ma:maja]
villa (de)	villa	[uil'æ]
vleugel (de)	välistrepp	[uælis'trepp]
tuin (de)	aed	[aet]
park (het)	park	[park]
oranjerie (de)	kasvuhoone	[kasuuho:ne]
onderhouden (tuin, enz.)	hoolitsema	[ho:litsema]
zwembad (het)	bassein	[bassejn]
gym (het)	spordisaal	[spordisa:l']
tennisveld (het)	tenniseväljak	[tenniseuæljak]
bioscoopkamer (de)	kino	[kino]
garage (de)	garaaž	[gara:ʒ]
privé-eigendom (het)	eraomand	[eraomant]
eigen terrein (het)	eravaldus	[eraual'dus]
waarschuwing (de)	hoiatus	[hojatus]
waarschuwingsbord (het)	kirjalik hoiatus	[kirjalik hojatus]
bewaking (de)	valve	[ual'ue]
bewaker (de)	turvamees	[turuame:s]
inbraakalarm (het)	signalisatsioon	[signalisatsio:n]

63. Appartement

appartement (het)	korter	[korter]
kamer (de)	tuba	[tuba]
slaapkamer (de)	magamistuba	[magamis'tuba]

eetkamer (de)	söögituba	[sø:gituba]
salon (de)	külalistuba	[kʉlalisʲtuba]
studeerkamer (de)	kabinet	[kabinet]
gang (de)	esik	[esik]
badkamer (de)	vannituba	[ʋannituba]
toilet (het)	tualett	[tualett]
plafond (het)	lagi	[lagi]
vloer (de)	põrand	[pɜrant]
hoek (de)	nurk	[nurk]

64. Meubels. Interieur

meubels (mv.)	mööbel	[mø:belʲ]
tafel (de)	laud	[laut]
stoel (de)	tool	[to:lʲ]
bed (het)	voodi	[ʋo:di]
bankstel (het)	diivan	[di:ʋan]
fauteuil (de)	tugitool	[tugito:lʲ]
boekenkast (de)	raamatukapp	[ra:matukapp]
boekenrek (het)	raamaturiiul	[ra:maturi:ulʲ]
kledingkast (de)	riidekapp	[ri:dekapp]
kapstok (de)	varn	[ʋarn]
staande kapstok (de)	nagi	[nagi]
commode (de)	kummut	[kummut]
salontafeltje (het)	diivanilaud	[di:ʋanilaut]
spiegel (de)	peegel	[pe:gelʲ]
tapijt (het)	vaip	[ʋaip]
tapijtje (het)	uksematt	[uksematt]
haard (de)	kamin	[kamin]
kaars (de)	küünal	[kʉ:nalʲ]
kandelaar (de)	küünlajalg	[kʉ:nlajalʲg]
gordijnen (mv.)	külgkardinad	[kʉlʲgkardinat]
behang (het)	tapeet	[tape:t]
jaloezie (de)	ribakardinad	[ribakardinat]
bureaulamp (de)	laualamp	[laualamp]
wandlamp (de)	valgusti	[ʋalʲgusʲti]
staande lamp (de)	põrandalamp	[pɜrandalamp]
luchter (de)	lühter	[lʉhter]
poot (ov. een tafel, enz.)	jalg	[jalʲg]
armleuning (de)	käetugi	[kæetugi]
rugleuning (de)	seljatugi	[seljatugi]
la (de)	sahtel	[sahtelʲ]

65. Beddengoed

beddengoed (het)	voodipesu	[ʋoːdipesu]
kussen (het)	padi	[padi]
kussenovertrek (de)	padjapüür	[padjapüːr]
deken (de)	tekk	[tekk]
laken (het)	voodilina	[ʋoːdilina]
sprei (de)	voodikate	[ʋoːdikate]

66. Keuken

keuken (de)	köök	[køːk]
gas (het)	gaas	[gaːs]
gasfornuis (het)	gaasipliit	[gaːsipliːt]
elektrisch fornuis (het)	elektripliit	[elektripliːt]
oven (de)	praeahi	[praeahi]
magnetronoven (de)	mikrolaineahi	[mikrolaineahi]
koelkast (de)	külmkapp	[kɤlʲmkapp]
diepvriezer (de)	jääkapp	[jæːkapp]
vaatwasmachine (de)	nõudepesumasin	[nɜudepesumasin]
vleesmolen (de)	hakklihamasin	[hakklihamasin]
vruchtenpers (de)	mahlapress	[mahlapress]
toaster (de)	röster	[røsʲter]
mixer (de)	mikser	[mikser]
koffiemachine (de)	kohvikeetja	[kohʋikeːtja]
koffiepot (de)	kohvikann	[kohʋikann]
koffiemolen (de)	kohviveski	[kohʋiʋeski]
fluitketel (de)	veekeetja	[ʋeːkeːtja]
theepot (de)	teekann	[teːkann]
deksel (de/het)	kaas	[kaːs]
theezeefje (het)	teesõel	[teːsɜelʲ]
lepel (de)	lusikas	[lusikas]
theelepeltje (het)	teelusikas	[teːlusikas]
eetlepel (de)	supilusikas	[supilusikas]
vork (de)	kahvel	[kahʋelʲ]
mes (het)	nuga	[nuga]
vaatwerk (het)	toidunõud	[tojdunɜud]
bord (het)	taldrik	[talʲdrik]
schoteltje (het)	alustass	[alusʲtass]
likeurglas (het)	napsiklaas	[napsiklaːs]
glas (het)	klaas	[klaːs]
kopje (het)	tass	[tass]
suikerpot (de)	suhkrutoos	[suhkrutoːs]
zoutvat (het)	soolatoos	[soːlatoːs]
pepervat (het)	pipratops	[pipratops]

boterschaaltje (het)	võitoos	[ʋɜitoːs]
steelpan (de)	pott	[pott]
bakpan (de)	pann	[pann]
pollepel (de)	supikulp	[supikulʲp]
vergiet (de/het)	kurnkopsik	[kurnkopsik]
dienblad (het)	kandik	[kandik]
fles (de)	pudel	[pudelʲ]
glazen pot (de)	klaaspurk	[klaːspurk]
blik (conserven~)	plekkpurk	[plekkpurk]
flesopener (de)	pudeliavaja	[pudeliaʋaja]
blikopener (de)	konserviavaja	[konserʋiaʋaja]
kurkentrekker (de)	korgitser	[korgitser]
filter (de/het)	filter	[filʲter]
filteren (ww)	filtreerima	[filʲtreːrima]
huisvuil (het)	prügi	[prʉgi]
vuilnisemmer (de)	prügiämber	[prʉgiæmber]

67. Badkamer

badkamer (de)	vannituba	[ʋannituba]
water (het)	vesi	[ʋesi]
kraan (de)	kraan	[kraːn]
warm water (het)	soe vesi	[soe ʋesi]
koud water (het)	külm vesi	[kʉlʲm ʋesi]
tandpasta (de)	hambapasta	[hambapasʲta]
tanden poetsen (ww)	hambaid pesema	[hambait pesema]
tandenborstel (de)	hambahari	[hambahari]
zich scheren (ww)	habet ajama	[habet ajama]
scheercrème (de)	habemeajamiskreem	[habemeajamiskreːm]
scheermes (het)	pardel	[pardelʲ]
wassen (ww)	pesema	[pesema]
een bad nemen	ennast pesema	[ennasʲt pesema]
douche (de)	dušš	[duʃʃ]
een douche nemen	duši all käima	[duʃi alʲ kæjma]
bad (het)	vann	[ʋann]
toiletpot (de)	WC-pott	[ʋetse pott]
wastafel (de)	kraanikauss	[kraːnikauss]
zeep (de)	seep	[seːp]
zeepbakje (het)	seebikarp	[seːbikarp]
spons (de)	nuustik	[nuːsʲtik]
shampoo (de)	šampoon	[ʃampoːn]
handdoek (de)	käterätik	[kæterætik]
badjas (de)	hommikumantel	[hommikumantelʲ]
was (bijv. handwas)	pesupesemine	[pesupesemine]
wasmachine (de)	pesumasin	[pesumasin]

de was doen	pesu pesema	[pesu pesema]
waspoeder (de)	pesupulber	[pesupulʲber]

68. Huishoudelijke apparaten

televisie (de)	televiisor	[teleʋi:sor]
cassettespeler (de)	magnetofon	[magnetofon]
videorecorder (de)	videomagnetofon	[ʋideomagnetofon]
radio (de)	raadio	[ra:dio]
speler (de)	pleier	[plejer]
videoprojector (de)	videoprojektor	[ʋideoprojektor]
home theater systeem (het)	kodukino	[kodukino]
DVD-speler (de)	DVD-mängija	[dʋd-mæŋgija]
versterker (de)	võimendi	[ʋɜimendi]
spelconsole (de)	mängukonsool	[mæŋgukonso:lʲ]
videocamera (de)	videokaamera	[ʋideoka:mera]
fotocamera (de)	fotoaparaat	[fotoapara:t]
digitale camera (de)	fotokaamera	[fotoka:mera]
stofzuiger (de)	tolmuimeja	[tolʲmuimeja]
strijkijzer (het)	triikraud	[tri:kraut]
strijkplank (de)	triikimislaud	[tri:kimislaut]
telefoon (de)	telefon	[telefon]
mobieltje (het)	mobiiltelefon	[mobi:lʲtelefon]
schrijfmachine (de)	kirjutusmasin	[kirjutusmasin]
naaimachine (de)	õmblusmasin	[ɜmblusmasin]
microfoon (de)	mikrofon	[mikrofon]
koptelefoon (de)	kõrvaklapid	[kɜrʋaklapit]
afstandsbediening (de)	pult	[pulʲt]
CD (de)	CD-plaat	[t͡sede pla:t]
cassette (de)	kassett	[kassett]
vinylplaat (de)	heliplaat	[helipla:t]

MENSELIJKE ACTIVITEITEN

Baan. Business. Deel 1

69. Kantoor. Op kantoor werken

kantoor (het)	kontor	[kontor]
kamer (de)	kabinet	[kabinet]
receptie (de)	vastuvõtulaud	[ʋasˈtuʋɜtulaut]
secretaris (de)	sekretär	[sekretær]
directeur (de)	direktor	[direktor]
manager (de)	juht	[juht]
boekhouder (de)	raamatupidaja	[raːmatupidaja]
werknemer (de)	töötaja	[tøːtaja]
meubilair (het)	mööbel	[møːbelʲ]
tafel (de)	laud	[laut]
bureaustoel (de)	tugitool	[tugitoːlʲ]
ladeblok (het)	kapp	[kapp]
kapstok (de)	nagi	[nagi]
computer (de)	arvuti	[arʋuti]
printer (de)	printer	[printer]
fax (de)	faks	[faks]
kopieerapparaat (het)	koopiamasin	[koːpiamasin]
papier (het)	paber	[paber]
kantoorartikelen (mv.)	kantseleikaubad	[kantselejkaubat]
muismat (de)	hiirevaip	[hiːreʋaip]
blad (het)	leht	[leht]
ordner (de)	mapp	[mapp]
catalogus (de)	kataloog	[kataloːg]
telefoongids (de)	teatmik	[teatmik]
documentatie (de)	dokumendid	[dokumendit]
brochure (de)	brošüür	[broʃɥːr]
flyer (de)	lendleht	[lentleht]
monster (het), staal (de)	näidis	[næjdis]
training (de)	treening	[treːning]
vergadering (de)	nõupidamine	[nɜupidamine]
lunchpauze (de)	lõunavaheaeg	[lɜunaʋaheaeg]
een kopie maken	koopiat tegema	[koːpiat tegema]
de kopieën maken	paljundama	[paljundama]
een fax ontvangen	faksi saama	[faksi saːma]
een fax versturen	faksi saatma	[faksi saːtma]
opbellen (ww)	helistama	[helisˈtama]

antwoorden (ww)	vastama	[ʋasˈtama]
doorverbinden (ww)	ühendama	[ʉhendama]

afspreken (ww)	määrama	[mæːrama]
demonstreren (ww)	demonstreerima	[demonsˈtreːrima]
absent zijn (ww)	puuduma	[puːduma]
afwezigheid (de)	vahelejätmine	[ʋahelejætmine]

70. Bedrijfsprocessen. Deel 1

bedrijf (business)	äri	[æri]
zaak (de), beroep (het)	asi	[asi]
firma (de)	firma	[firma]
bedrijf (maatschap)	kompanii	[kompaniː]
corporatie (de)	korporatsioon	[korporatsioːn]
onderneming (de)	ettevõte	[etteʋɜte]
agentschap (het)	agentuur	[agentuːr]

overeenkomst (de)	leping	[leping]
contract (het)	kontraht	[kontraht]
transactie (de)	tehing	[tehing]
bestelling (de)	tellimus	[telˈimus]
voorwaarde (de)	tingimus	[tingimus]

in het groot (bw)	hulgi	[hulʲgi]
groothandels- (abn)	hulgi-	[hulʲgi-]
groothandel (de)	hulgimüük	[hulʲgimuːk]
kleinhandels- (abn)	jae	[jae]
kleinhandel (de)	jaemüük	[jaemʉːk]

concurrent (de)	konkurent	[konkurent]
concurrentie (de)	konkurents	[konkurents]
concurreren (ww)	konkureerima	[konkureːrima]

partner (de)	partner	[partner]
partnerschap (het)	partnerlus	[partnerlus]

crisis (de)	kriis	[kriːs]
bankroet (het)	pankrot	[pankrot]
bankroet gaan (ww)	pankrotistuma	[pankrotisˈtuma]
moeilijkheid (de)	raskus	[raskus]
probleem (het)	probleem	[probleːm]
catastrofe (de)	katastroof	[katasˈtroːf]

economie (de)	majandus	[majandus]
economisch (bn)	majanduslik	[majanduslik]
economische recessie (de)	majanduslangus	[majanduslangus]

doel (het)	eesmärk	[eːsmærk]
taak (de)	ülesanne	[ʉlesanne]

handelen (handel drijven)	kauplema	[kauplema]
netwerk (het)	võrk	[ʋɜrk]
voorraad (de)	ladu	[ladu]

assortiment (het)	valik	[ʋalik]
leider (de)	liider	[liːder]
groot (bn)	suur	[suːr]
monopolie (het)	monopol	[monopolʲ]
theorie (de)	teooria	[teoːria]
praktijk (de)	praktika	[praktika]
ervaring (de)	kogemus	[kogemus]
tendentie (de)	trend	[trent]
ontwikkeling (de)	areng	[areng]

71. Bedrijfsprocessen. Deel 2

voordeel (het)	kasu	[kasu]
voordelig (bn)	kasulik	[kasulik]
delegatie (de)	delegatsioon	[delegatsioːn]
salaris (het)	töötasu	[tøːtasu]
corrigeren (fouten ~)	parandama	[parandama]
zakenreis (de)	lähetus	[lʲæhetus]
commissie (de)	komisjon	[komisjon]
controleren (ww)	kontrollima	[kontrolʲima]
conferentie (de)	konverents	[konʋerents]
licentie (de)	litsents	[litsents]
betrouwbaar (partner, enz.)	usaldusväärne	[usalʲdusʋæːrne]
aanzet (de)	algatus	[alʲgatus]
norm (bijv. ~ stellen)	norm	[norm]
omstandigheid (de)	asjaolu	[asjaolu]
taak, plicht (de)	kohustus	[kohusʲtus]
organisatie (bedrijf, zaak)	organisatsioon	[organisatsioːn]
organisatie (proces)	korraldamine	[korralʲdamine]
georganiseerd (bn)	organiseeritud	[organiseːritut]
afzegging (de)	ärajätmine	[ærajætmine]
afzeggen (ww)	ära jätma	[æra jætma]
verslag (het)	aruanne	[aruanne]
patent (het)	patent	[patent]
patenteren (ww)	patenti saama	[patenti saːma]
plannen (ww)	planeerima	[planeːrima]
premie (de)	preemia	[preːmia]
professioneel (bn)	professionaalne	[professionaːlʲne]
procedure (de)	protseduur	[protseduːr]
onderzoeken (contract, enz.)	läbi vaatama	[lʲæbi ʋaːtama]
berekening (de)	arvestus	[arʋesʲtus]
reputatie (de)	reputatsioon	[reputatsioːn]
risico (het)	risk	[risk]
beheren (managen)	juhtima	[juhtima]
informatie (de)	andmed	[andmet]

eigendom (bezit)	omand	[omant]
unie (de)	liit	[li:t]
levensverzekering (de)	elukindlustus	[elukintlusitus]
verzekeren (ww)	kindlustama	[kintlusitama]
verzekering (de)	kindlustus	[kintlusitus]
veiling (de)	oksjon	[oksjon]
verwittigen (ww)	teavitama	[teauitama]
beheer (het)	juhtimine	[juhtimine]
dienst (de)	teenus	[te:nus]
forum (het)	foorum	[fo:rum]
functioneren (ww)	funktsioneerima	[funktsione:rima]
stap, etappe (de)	etapp	[etapp]
juridisch (bn)	juriidiline	[juri:diline]
jurist (de)	jurist	[jurisit]

72. Productie. Werken

industriële installatie (fabriek)	tehas	[tehas]
fabriek (de)	vabrik	[uabrik]
werkplaatsruimte (de)	tsehh	[tsehh]
productielocatie (de)	tootmine	[to:tmine]
industrie (de)	tööstus	[tø:situs]
industrieel (bn)	tööstuslik	[tø:situslik]
zware industrie (de)	rasketööstus	[rasketø:situs]
lichte industrie (de)	kergetööstus	[kergetø:situs]
productie (de)	toodang	[to:dang]
produceren (ww)	tootma	[to:tma]
grondstof (de)	tooraine	[to:raine]
voorman, ploegbaas (de)	brigadir	[brigadir]
ploeg (de)	brigaad	[briga:t]
arbeider (de)	tööline	[tø:line]
werkdag (de)	tööpäev	[tø:pæəu]
pauze (de)	seisak	[sejsak]
samenkomst (de)	koosolek	[ko:solek]
bespreken (spreken over)	arutama	[arutama]
plan (het)	plaan	[pla:n]
het plan uitvoeren	plaani täitma	[pla:ni tæjtma]
productienorm (de)	norm	[norm]
kwaliteit (de)	kvaliteet	[kualite:t]
controle (de)	kontroll	[kontrolʲ]
kwaliteitscontrole (de)	kvaliteedikontroll	[kualite:dikontrolʲ]
arbeidsveiligheid (de)	tööohutus	[tø:ohutus]
discipline (de)	distsipliin	[disitsipli:n]
overtreding (de)	rikkumine	[rikkumine]
overtreden (ww)	rikkuma	[rikkuma]

staking (de)	streik	[sʲtrejk]
staker (de)	streikija	[sʲtrejkija]
staken (ww)	streikima	[sʲtrejkima]
vakbond (de)	ametiühing	[ametiʉhing]

uitvinden (machine, enz.)	leiutama	[lejutama]
uitvinding (de)	leiutis	[lejutis]
onderzoek (het)	uurimine	[u:rimine]
verbeteren (beter maken)	parendama	[parendama]
technologie (de)	tehnoloogia	[tehnolo:gia]
technische tekening (de)	joonis	[jo:nis]

vracht (de)	koorem	[ko:rem]
lader (de)	laadija	[la:dija]
laden (vrachtwagen)	laadima	[la:dima]
laden (het)	laadimine	[la:dimine]
lossen (ww)	maha laadima	[maha la:dima]
lossen (het)	mahalaadimine	[mahala:dimine]

transport (het)	transport	[transport]
transportbedrijf (de)	transpordikompanii	[transpordikompani:]
transporteren (ww)	transportima	[transportima]

goederenwagon (de)	vagun	[ʋagun]
tank (bijv. ketelwagen)	tsistern	[tsisʲtern]
vrachtwagen (de)	veoauto	[ʋeoauto]

| machine (de) | tööpink | [tø:pink] |
| mechanisme (het) | mehhanism | [mehhanism] |

industrieel afval (het)	jäätmed	[jæ:tmet]
verpakking (de)	pakkimine	[pakkimine]
verpakken (ww)	pakkima	[pakkima]

73. Contract. Overeenstemming

contract (het)	kontraht	[kontraht]
overeenkomst (de)	kokkulepe	[kokkulepe]
bijlage (de)	lisa	[lisa]

een contract sluiten	kontrahti sõlmima	[kontrahti sɜlʲmima]
handtekening (de)	allkiri	[alʲkiri]
ondertekenen (ww)	allkirjastama	[alʲkirjasʲtama]
stempel (de)	pitsat	[pitsat]

voorwerp (het) van de overeenkomst	lepingu objekt	[lepingu objekt]
clausule (de)	punkt	[punkt]
partijen (mv.)	osapooled	[osapo:let]
vestigingsadres (het)	juriidiline aadress	[juri:diline a:dress]

| het contract verbreken (overtreden) | kontrahti rikkuma | [kontrahti rikkuma] |
| verplichting (de) | kohustus | [kohusʲtus] |

verantwoordelijkheid (de)	vastutus	[ʋasˈtutus]
overmacht (de)	vääramatu jõud	[ʋæːramatu jɜut]
geschil (het)	vaidlus	[ʋaitlus]
sancties (mv.)	karistusmeetmed	[karisˈtusmeːtmet]

74. Import & Export

import (de)	sissevedu	[sisseʋedu]
importeur (de)	sissevedaja	[sisseʋedaja]
importeren (ww)	sisse vedama	[sisse ʋedama]
import- (abn)	sissevedu	[sisseʋedu]
uitvoer (export)	eksport	[eksport]
exporteur (de)	eksportöör	[eksportøːr]
exporteren (ww)	eksportima	[eksportima]
uitvoer- (bijv., ~goederen)	ekspordi-	[ekspordi-]
goederen (mv.)	kaup	[kaup]
partij (de)	partii	[partiː]
gewicht (het)	kaal	[kaːlʲ]
volume (het)	maht	[maht]
kubieke meter (de)	kuupmeeter	[kuːpmeːter]
producent (de)	tootja	[toːtja]
transportbedrijf (de)	transpordikompanii	[transpordikompaniː]
container (de)	konteiner	[kontejner]
grens (de)	riigipiir	[riːgipiːr]
douane (de)	toll	[tolʲ]
douanerecht (het)	tollilõiv	[tolʲilɜiʋ]
douanier (de)	tolliametnik	[tolʲiametnik]
smokkelen (het)	salakaubandus	[salakaubandus]
smokkelwaar (de)	salakaup	[salakaup]

75. Financiën

aandeel (het)	aktsia	[aktsia]
obligatie (de)	obligatsioon	[obligatsioːn]
wissel (de)	veksel	[ʋekselʲ]
beurs (de)	börs	[børs]
aandelenkoers (de)	aktsiate kurss	[aktsiate kurss]
dalen (ww)	odavnema	[odaʋnema]
stijgen (ww)	kallinema	[kalʲinema]
deel (het)	osak	[osak]
meerderheidsbelang (het)	kontrollpakk	[kontrolʲpakk]
investeringen (mv.)	investeeringud	[inʋesˈteːringut]
investeren (ww)	investeerima	[inʋesˈteːrima]
procent (het)	protsent	[protsent]

rente (de)	protsendid	[protsendit]
winst (de)	kasum	[kasum]
winstgevend (bn)	kasumiga	[kasumiga]
belasting (de)	maks	[maks]
valuta (vreemde ~)	valuuta	[ʋaluːta]
nationaal (bn)	rahvuslik	[rahʋuslik]
ruil (de)	vahetus	[ʋahetus]
boekhouder (de)	raamatupidaja	[raːmatupidaja]
boekhouding (de)	raamatupidamine	[raːmatupidamine]
bankroet (het)	pankrot	[pankrot]
ondergang (de)	nurjumine	[nurjumine]
faillissement (het)	laostumine	[laosʲtumine]
geruïneerd zijn (ww)	laostuma	[laosʲtuma]
inflatie (de)	inflatsioon	[inflatsioːn]
devaluatie (de)	devalvatsioon	[deʋalʲʋatsioːn]
kapitaal (het)	kapital	[kapitalʲ]
inkomen (het)	tulu	[tulu]
omzet (de)	käive	[kæjʋe]
middelen (mv.)	ressursid	[ressursit]
financiële middelen (mv.)	rahalised vahendid	[rahaliset ʋahendit]
operationele kosten (mv.)	üldkulud	[ʉlʲdkulut]
reduceren (kosten ~)	vähendama	[ʋæhendama]

76. Marketing

marketing (de)	turu-uurimine	[turu-uːrimine]
markt (de)	turg	[turg]
marktsegment (het)	turuosa	[turuosa]
product (het)	toode	[toːde]
goederen (mv.)	kaup	[kaup]
merk (het)	bränd	[brænt]
handelsmerk (het)	kaubamärk	[kaubamærk]
beeldmerk (het)	firmamärk	[firmamærk]
logo (het)	logotüüp	[logotʉːp]
vraag (de)	nõudmine	[nɜudmine]
aanbod (het)	pakkumine	[pakkumine]
behoefte (de)	vajadus	[ʋajadus]
consument (de)	tarbija	[tarbija]
analyse (de)	analüüs	[analʉːs]
analyseren (ww)	analüüsima	[analʉːsima]
positionering (de)	positsioneerimine	[positsioneːrimine]
positioneren (ww)	positsioneerima	[positsioneːrima]
prijs (de)	hind	[hint]
prijspolitiek (de)	hinnapoliitika	[hinnapoliːtika]
prijsvorming (de)	hinnakujundamine	[hinnakujundamine]

77. Reclame

reclame (de)	reklaam	[rekla:m]
adverteren (ww)	reklaamima	[rekla:mima]
budget (het)	eelarve	[e:larʋe]
advertentie, reclame (de)	reklaam	[rekla:m]
TV-reclame (de)	telereklaam	[telerekla:m]
radioreclame (de)	raadioreklaam	[ra:diorekla:m]
buitenreclame (de)	välisreklaam	[ʋælisrekla:m]
massamedia (de)	massiteabevahendid	[massiteabeʋahendit]
periodiek (de)	perioodilised väljaanded	[perio:diliset ʋælja:ndet]
imago (het)	imago	[imago]
slagzin (de)	loosung	[lo:sung]
motto (het)	juhtlause	[juhtlause]
campagne (de)	kampaania	[kampa:nia]
reclamecampagne (de)	reklaamikampaania	[rekla:mikampa:nia]
doelpubliek (het)	huvirühm	[huʋirɥhm]
visitekaartje (het)	visiitkaart	[ʋisi:tka:rt]
flyer (de)	lendleht	[lentleht]
brochure (de)	brošüür	[broʃɵ:r]
folder (de)	buklett	[buklett]
nieuwsbrief (de)	bülletään	[bɥlˈetæ:n]
gevelreclame (de)	silt	[silˈt]
poster (de)	plakat	[plakat]
aanplakbord (het)	reklaamtahvel	[rekla:mtahʋelˈ]

78. Bankieren

bank (de)	pank	[pank]
bankfiliaal (het)	osakond	[osakont]
bankbediende (de)	konsultant	[konsulˈtant]
manager (de)	juhataja	[juhataja]
bankrekening (de)	pangakonto	[pangakonto]
rekeningnummer (het)	arve number	[arʋe number]
lopende rekening (de)	jooksev arve	[jo:kseʋ arʋe]
spaarrekening (de)	kogumisarve	[kogumisarʋe]
een rekening openen	arvet avama	[arʋet aʋama]
de rekening sluiten	arvet lõpetama	[arʋet lɜpetama]
op rekening storten	arvele panema	[arʋele panema]
opnemen (ww)	arvelt võtma	[arʋelˈt ʋɜtma]
storting (de)	hoius	[hojus]
een storting maken	hoiust tegema	[hojusˈt tegema]
overschrijving (de)	ülekanne	[ɥlekanne]

een overschrijving maken	üle kandma	[ɥle kandma]
som (de)	summa	[summa]
Hoeveel?	Kui palju?	[kui palju?]

| handtekening (de) | allkiri | [alʲkiri] |
| ondertekenen (ww) | allkirjastama | [alʲkirjasʲtama] |

kredietkaart (de)	krediidikaart	[krediːdikaːrt]
code (de)	kood	[koːt]
kredietkaartnummer (het)	krediidikaardi number	[krediːdikaːrdi number]
geldautomaat (de)	pangaautomaat	[pangaːutomaːt]

cheque (de)	tšekk	[tʃekk]
een cheque uitschrijven	tšekki välja kirjutama	[tʃekki ʋælja kirjutama]
chequeboekje (het)	tšekiraamat	[tʃekiraːmat]

lening, krediet (de)	pangalaen	[pangalaen]
een lening aanvragen	laenu taotlema	[laenu taotlema]
een lening nemen	laenu võtma	[laenu ʋɜtma]
een lening verlenen	laenu andma	[laenu andma]
garantie (de)	tagatis	[tagatis]

79. Telefoon. Telefoongesprek

telefoon (de)	telefon	[telefon]
mobieltje (het)	mobiiltelefon	[mobiːlʲtelefon]
antwoordapparaat (het)	automaatvastaja	[automaːtuasʲtaja]

| bellen (ww) | helistama | [helisʲtama] |
| belletje (telefoontje) | telefonihelin | [telefonihelin] |

een nummer draaien	numbrit valima	[numbrit ʋalima]
Hallo!	hallo!	[halʲo!]
vragen (ww)	küsima	[kɥsima]
antwoorden (ww)	vastama	[ʋasʲtama]
horen (ww)	kuulma	[kuːlʲma]
goed (bw)	hästi	[hæsʲti]
slecht (bw)	halvasti	[halʲʋasʲti]
storingen (mv.)	häired	[hæjret]

hoorn (de)	telefonitoru	[telefonitoru]
opnemen (ww)	toru hargilt võtma	[toru hargilʲt ʋɜtma]
ophangen (ww)	toru hargile panema	[toru hargile panema]

bezet (bn)	liin on kinni	[liːn on kinni]
overgaan (ww)	telefon heliseb	[telefon heliseb]
telefoonboek (het)	telefoniraamat	[telefoniraːmat]

lokaal (bn)	kohalik	[kohalik]
lokaal gesprek (het)	kohalik kõne	[kohalik kɜne]
interlokaal (bn)	kauge-	[kauge-]
interlokaal gesprek (het)	kaugekõne	[kaugekɜne]
buitenlands (bn)	rahvusvaheline	[rahʊusʋaheline]
buitenlands gesprek (het)	rahvusvaheline kõne	[rahʊusʋaheline kɜne]

80. Mobiele telefoon

mobieltje (het)	mobiiltelefon	[mobi:lʲtelefon]
scherm (het)	kuvar	[kuʋar]
toets, knop (de)	nupp	[nupp]
simkaart (de)	SIM-kaart	[sim-ka:rt]
batterij (de)	patarei	[patarej]
leeg zijn (ww)	tühjaks minema	[tʉhjaks minema]
acculader (de)	laadimisseade	[la:dimisseade]
menu (het)	menüü	[menʉ:]
instellingen (mv.)	häälestused	[hæ:lesʲtuset]
melodie (beltoon)	viis	[ʋi:s]
selecteren (ww)	valima	[ʋalima]
rekenmachine (de)	kalkulaator	[kalʲkula:tor]
voicemail (de)	automaatvastaja	[automa:tʋasʲtaja]
wekker (de)	äratuskell	[æratuskelʲ]
contacten (mv.)	telefoniraamat	[telefonira:mat]
SMS-bericht (het)	SMS-sõnum	[sms-sɜnum]
abonnee (de)	abonent	[abonent]

81. Schrijfbehoeften

balpen (de)	pastakas	[pasʲtakas]
vulpen (de)	sulepea	[sulepea]
potlood (het)	pliiats	[pli:ats]
marker (de)	marker	[marker]
viltstift (de)	viltpliiats	[ʋilʲtpli:ats]
notitieboekje (het)	klade	[klade]
agenda (boekje)	päevik	[pæəʋik]
liniaal (de/het)	joonlaud	[jo:nlaut]
rekenmachine (de)	kalkulaator	[kalʲkula:tor]
gom (de)	kustutuskumm	[kusʲtutuskumm]
punaise (de)	rõhknael	[rɜhknaelʲ]
paperclip (de)	kirjaklamber	[kirjaklamber]
lijm (de)	liim	[li:m]
nietmachine (de)	stepler	[sʲtepler]
perforator (de)	auguraud	[auguraut]
potloodslijper (de)	pliiatsiteritaja	[pli:atsiteritaja]

82. Soorten bedrijven

boekhouddiensten (mv.)	raamatupidamisteenused	[ra:matupidamisʲte:nuset]
reclame (de)	reklaam	[rekla:m]

reclamebureau (het)	reklaamiagentuur	[rekla:miagentu:r]
airconditioning (de)	konditsioneerid	[konditsione:rit]
luchtvaartmaatschappij (de)	lennukompanii	[lennukompani:]

alcoholische dranken (mv.)	alkoholsed joogid	[alʲkoho:lʲset jo:git]
antiek (het)	antikvariaat	[antikʋaria:t]
kunstgalerie (de)	galerii	[galeri:]
audit diensten (mv.)	audititeenused	[auditite:nuset]

banken (mv.)	pangandus	[pangandus]
bar (de)	baar	[ba:r]
schoonheidssalon (de/het)	ilusalong	[ilusalong]
boekhandel (de)	raamatukauplus	[ra:matukauplus]
bierbrouwerij (de)	õlletehas	[ɜlʲetehas]
zakencentrum (het)	ärikeskus	[ærikeskus]
business school (de)	majanduskool	[majandusko:lʲ]

casino (het)	kasiino	[kasi:no]
bouwbedrijven (mv.)	ehitus	[ehitus]
adviesbureau (het)	konsulteerimine	[konsulʲte:rimine]

tandheelkunde (de)	stomatoloogia	[sʲtomatolo:gia]
design (het)	disain	[disain]
apotheek (de)	apteek	[apte:k]
stomerij (de)	keemiline puhastus	[ke:miline puhasʲtus]
uitzendbureau (het)	kaadriagentuur	[ka:driagentu:r]

financiële diensten (mv.)	finantsteenused	[finantsʲte:nuset]
voedingswaren (mv.)	toiduained	[tojduainet]
uitvaartcentrum (het)	matusebüroo	[matusebɯro:]
meubilair (het)	mööbel	[mø:belʲ]
kleding (de)	riided	[ri:det]
hotel (het)	hotell	[hotelʲ]

IJsje (het)	jäätis	[jæ:tis]
industrie (de)	tööstus	[tø:sʲtus]
verzekering (de)	kindlustus	[kintlusʲtus]
Internet (het)	internet	[internet]
investeringen (mv.)	investeeringud	[inʋesʲte:ringut]

juwelier (de)	juveliir	[juʋeli:r]
juwelen (mv.)	juveelikaubad	[juʋe:likaubat]
wasserette (de)	pesumaja	[pesumaja]
juridische diensten (mv.)	õigusabi	[ɜigusabi]
lichte industrie (de)	kergetööstus	[kergetø:sʲtus]

tijdschrift (het)	ajakiri	[ajakiri]
postorderbedrijven (mv.)	kataloogikaubandus	[katalo:gikaubandus]
medicijnen (mv.)	meditsiin	[meditsi:n]
bioscoop (de)	kino	[kino]
museum (het)	muuseum	[mu:seum]

persbureau (het)	teadete agentuur	[teadete agentu:r]
krant (de)	ajaleht	[ajaleht]
nachtclub (de)	ööklubi	[ø:klubi]
olie (aardolie)	nafta	[nafta]

koerierdienst (de)	kulleriteenistus	[kulʲeriteːnisʲtus]
geneesmiddelen (mv.)	farmaatsia	[farmaːtsia]
drukkerij (de)	poligraafia	[polɨgraːfia]
uitgeverij (de)	kirjastus	[kirjasʲtus]
radio (de)	raadio	[raːdio]
vastgoed (het)	kinnisvara	[kinnisʋara]
restaurant (het)	restoran	[resʲtoran]
bewakingsfirma (de)	turvafirma	[turʋafirma]
sport (de)	sport	[sport]
handelsbeurs (de)	börs	[børs]
winkel (de)	kauplus	[kauplus]
supermarkt (de)	supermarket	[supermarket]
zwembad (het)	bassein	[bassejn]
naaiatelier (het)	atelje	[atelje:]
televisie (de)	televisioon	[teleʋisioːn]
theater (het)	teater	[teater]
handel (de)	kaubandus	[kaubandus]
transport (het)	kaubavedu	[kaubaʋedu]
toerisme (het)	turism	[turism]
dierenarts (de)	loomaarst	[loːmaːrsʲt]
magazijn (het)	ladu	[ladu]
afvalinzameling (de)	prügivedu	[prɨgiʋedu]

Baan. Business. Deel 2

83. Show. Tentoonstelling

beurs (de)	näitus	[næjtus]
vakbeurs, handelsbeurs (de)	kaubandusnäitus	[kaubandusnæjtus]
deelneming (de)	osavõtt	[osaʋɜtt]
deelnemen (ww)	osa võtma	[osa ʋɜtma]
deelnemer (de)	osavõtja	[osaʋɜtja]
directeur (de)	direktor	[direktor]
organisatiecomité (het)	korraldajate kontor	[korralʲdajate kontor]
organisator (de)	korraldaja	[korralʲdaja]
organiseren (ww)	korraldama	[korralʲdama]
deelnemingsaanvraag (de)	osavõtuavaldus	[osaʋɜtuaʋalʲdus]
invullen (een formulier ~)	täitma	[tæjtma]
details (mv.)	üksikasjad	[ʉksikasjat]
informatie (de)	teave	[teaʋe]
prijs (de)	hind	[hint]
inclusief (bijv. ~ BTW)	kaasa arvatud	[ka:sa arʋatut]
inbegrepen (alles ~)	sisaldama	[sisalʲdama]
betalen (ww)	maksma	[maksma]
registratietarief (het)	registreerimistasu	[regisʲtre:rimisʲtasu]
ingang (de)	sissepääs	[sissepæ:s]
paviljoen (het), hal (de)	paviljon	[paʋiljon]
registreren (ww)	registreerima	[regisʲtre:rima]
badge, kaart (de)	nimesilt	[nimesilʲt]
beursstand (de)	stend	[sʲtent]
reserveren (een stand ~)	reserveerima	[reserʋe:rima]
vitrine (de)	vitriin	[ʋitri:n]
licht (het)	lamp	[lamp]
design (het)	disain	[disain]
plaatsen (ww)	paigutama	[paigutama]
geplaatst zijn (ww)	paigaldama	[paigalʲdama]
distributeur (de)	maaletooja	[ma:leto:ja]
leverancier (de)	tarnija	[tarnija]
leveren (ww)	tarnima	[tarnima]
land (het)	riik	[ri:k]
buitenlands (bn)	välismaine	[ʋælismaine]
product (het)	toode	[to:de]
associatie (de)	assotsiatsioon	[assotsiatsio:n]
conferentiezaal (de)	konverentsisaal	[konʋerentsisa:lʲ]

| congres (het) | kongress | [kongress] |
| wedstrijd (de) | konkurss | [konkurss] |

bezoeker (de)	külastaja	[kʉlasʲtaja]
bezoeken (ww)	külastama	[kʉlasʲtama]
afnemer (de)	tellija	[telʲija]

84. Wetenschap. Onderzoek. Wetenschappers

wetenschap (de)	teadus	[teadus]
wetenschappelijk (bn)	teaduslik	[teaduslik]
wetenschapper (de)	teadlane	[teatlane]
theorie (de)	teooria	[teo:ria]

axioma (het)	aksioom	[aksio:m]
analyse (de)	analüüs	[analʉ:s]
analyseren (ww)	analüüsima	[analʉ:sima]
argument (het)	argument	[argument]
substantie (de)	aine	[aine]

hypothese (de)	hüpotees	[hʉpote:s]
dilemma (het)	dilemma	[dilemma]
dissertatie (de)	väitekiri	[ʋæjtekiri]
dogma (het)	dogma	[dogma]

doctrine (de)	doktriin	[doktri:n]
onderzoek (het)	uurimine	[u:rimine]
onderzoeken (ww)	uurima	[u:rima]
toetsing (de)	katse	[katse]
laboratorium (het)	labor	[labor]

methode (de)	meetod	[me:tot]
molecule (de/het)	molekul	[molekulʲ]
monitoring (de)	seire	[sejre]
ontdekking (de)	avastus	[aʋasʲtus]

postulaat (het)	postulaat	[posʲtula:t]
principe (het)	põhimõte	[pɜhimɜte]
voorspelling (de)	prognoos	[progno:s]
een prognose maken	prognoosima	[progno:sima]

synthese (de)	süntees	[sʉnte:s]
tendentie (de)	trend	[trent]
theorema (het)	teoreem	[teore:m]

leerstellingen (mv.)	õpetus	[ɜpetus]
feit (het)	tõsiasi	[tɜsiasi]
expeditie (de)	ekspeditsioon	[ekspeditsio:n]
experiment (het)	eksperiment	[eksperiment]

academicus (de)	akadeemik	[akade:mik]
bachelor (bijv. BA, LLB)	bakalaureus	[bakalaureus]
doctor (de)	doktor	[doktor]
universitair docent (de)	dotsent	[dotsent]

master, magister (de)	**magister**	[magister]
professor (de)	**professor**	[professor]

Beroepen en ambachten

85. Zoeken naar werk. Ontslag

baan (de)	töö	[tø:]
personeel (het)	koosseis	[ko:ssejs]
carrière (de)	karjäär	[karjæ:r]
vooruitzichten (mv.)	perspektiiv	[perspekti:ʋ]
meesterschap (het)	meisterlikkus	[mejsˈterlikkus]
keuze (de)	valik	[ʋalik]
uitzendbureau (het)	kaadriagentuur	[ka:driagentu:r]
CV, curriculum vitae (het)	elulookirjeldus	[elulo:kirjelˈdus]
sollicitatiegesprek (het)	tööintervjuu	[tø:interʋju:]
vacature (de)	vakants	[ʋakants]
salaris (het)	töötasu	[tø:tasu]
vaste salaris (het)	palk	[palʲk]
loon (het)	maksmine	[maksmine]
betrekking (de)	töökoht	[tø:koht]
taak, plicht (de)	kohustus	[kohusˈtus]
takenpakket (het)	kohustuste ring	[kohusˈtusˈte ring]
bezig (~ zijn)	hõivatud	[hɜiʋatut]
ontslagen (ww)	vallandama	[ʋalʲændama]
ontslag (het)	vallandamine	[ʋalʲændamine]
werkloosheid (de)	tööpuudus	[tø:pu:dus]
werkloze (de)	töötu	[tø:tu]
pensioen (het)	pension	[pension]
met pensioen gaan	pensionile minema	[pensionile minema]

86. Zakenmensen

directeur (de)	direktor	[direktor]
beheerder (de)	juhataja	[juhataja]
hoofd (het)	juhataja	[juhataja]
baas (de)	ülemus	[ʉlemus]
superieuren (mv.)	juhtkond	[juhtkont]
president (de)	president	[president]
voorzitter (de)	esimees	[esime:s]
adjunct (de)	asetäitja	[asetæjtja]
assistent (de)	abi	[abi]
secretaris (de)	sekretär	[sekretær]

persoonlijke assistent (de)	isiklik sekretär	[isiklik sekretær]
zakenman (de)	ärimees	[ærime:s]
ondernemer (de)	ettevõtja	[etteʋɜtja]
oprichter (de)	rajaja	[rajaja]
oprichten (een nieuw bedrijf ~)	rajama	[rajama]

stichter (de)	asutaja	[asutaja]
partner (de)	partner	[partner]
aandeelhouder (de)	aktsionär	[aktsionær]

miljonair (de)	miljonär	[miljonær]
miljardair (de)	miljardär	[miljardær]
eigenaar (de)	omanik	[omanik]
landeigenaar (de)	maavaldaja	[ma:ʋalʲdaja]

klant (de)	klient	[klient]
vaste klant (de)	püsiklient	[pʉsiklient]
koper (de)	ostja	[osʲtja]
bezoeker (de)	külastaja	[kʉlasʲtaja]

professioneel (de)	professionaal	[professiona:lʲ]
expert (de)	ekspert	[ekspert]
specialist (de)	spetsialist	[spetsialisʲt]

| bankier (de) | pankur | [pankur] |
| makelaar (de) | vahendaja | [ʋahendaja] |

kassier (de)	kassiir	[kassi:r]
boekhouder (de)	raamatupidaja	[ra:matupidaja]
bewaker (de)	turvamees	[turʋame:s]

investeerder (de)	investeerija	[inʋesʲte:rija]
schuldenaar (de)	võlgnik	[ʋɜlʲgnik]
crediteur (de)	võlausaldaja	[ʋɜlausalʲdaja]
lener (de)	laenaja	[laenaja]

| importeur (de) | sissevedaja | [sisseʋedaja] |
| exporteur (de) | eksportöör | [eksportø:r] |

producent (de)	tootja	[to:tja]
distributeur (de)	maaletooja	[ma:leto:ja]
bemiddelaar (de)	vahendaja	[ʋahendaja]

adviseur, consulent (de)	konsultant	[konsulʲtant]
vertegenwoordiger (de)	esindaja	[esindaja]
agent (de)	agent	[agent]
verzekeringsagent (de)	kindlustusagent	[kintlusʲtusagent]

87. Dienstverlenende beroepen

kok (de)	kokk	[kokk]
chef-kok (de)	peakokk	[peakokk]
bakker (de)	pagar	[pagar]

barman (de)	baarimees	[ba:rime:s]
kelner, ober (de)	kelner	[kelʲner]
serveerster (de)	ettekandja	[ettekandja]
advocaat (de)	advokaat	[aduoka:t]
jurist (de)	jurist	[jurisʲt]
notaris (de)	notar	[notar]
elektricien (de)	elektrik	[elektrik]
loodgieter (de)	torulukksepp	[torulukksepp]
timmerman (de)	puussepp	[pu:ssepp]
masseur (de)	massöör	[massø:r]
masseuse (de)	massöör	[massø:r]
dokter, arts (de)	arst	[arsʲt]
taxichauffeur (de)	taksojuht	[taksojuht]
chauffeur (de)	autojuht	[autojuht]
koerier (de)	käskjalg	[kæskjalʲg]
kamermeisje (het)	toatüdruk	[toatüdruk]
bewaker (de)	turvamees	[turʋame:s]
stewardess (de)	stjuardess	[sʲtjuardess]
meester (de)	õpetaja	[ɜpetaja]
bibliothecaris (de)	raamatukoguhoidja	[ra:matukoguhojdja]
vertaler (de)	tõlk	[tɜlʲk]
tolk (de)	tõlk	[tɜlʲk]
gids (de)	giid	[gi:t]
kapper (de)	juuksur	[ju:ksur]
postbode (de)	postiljon	[posʲtiljon]
verkoper (de)	müüja	[mʉ:ja]
tuinman (de)	aednik	[aednik]
huisbediende (de)	teener	[te:ner]
dienstmeisje (het)	teenija	[te:nija]
schoonmaakster (de)	koristaja	[korisʲtaja]

88. Militaire beroepen en rangen

soldaat (rang)	reamees	[reame:s]
sergeant (de)	seersant	[se:rsant]
luitenant (de)	leitnant	[lejtnant]
kapitein (de)	kapten	[kapten]
majoor (de)	major	[major]
kolonel (de)	kolonel	[kolonelʲ]
generaal (de)	kindral	[kindralʲ]
maarschalk (de)	marssal	[marssalʲ]
admiraal (de)	admiral	[admiralʲ]
militair (de)	sõjaväelane	[sɜjaʋæelane]
soldaat (de)	sõdur	[sɜdur]

| officier (de) | ohvitser | [ohʋitser] |
| commandant (de) | komandör | [komandør] |

grenswachter (de)	piirivalvur	[pi:riʋalʲʋur]
marconist (de)	radist	[radisʲt]
verkenner (de)	luuraja	[lu:raja]
sappeur (de)	sapöör	[sapø:r]
schutter (de)	laskur	[laskur]
stuurman (de)	tüürimees	[tʉ:rime:s]

89. Ambtenaren. Priesters

| koning (de) | kuningas | [kuningas] |
| koningin (de) | kuninganna | [kuninganna] |

| prins (de) | prints | [prints] |
| prinses (de) | printsess | [printsess] |

| tsaar (de) | tsaar | [tsa:r] |
| tsarina (de) | tsaarinna | [tsa:rinna] |

president (de)	president	[president]
minister (de)	minister	[minisʲter]
eerste minister (de)	peaminister	[peaminisʲter]
senator (de)	senaator	[sena:tor]

diplomaat (de)	diplomaat	[diploma:t]
consul (de)	konsul	[konsulʲ]
ambassadeur (de)	suursaadik	[su:rsa:dik]
adviseur (de)	nõunik	[nɜunik]

ambtenaar (de)	ametnik	[ametnik]
prefect (de)	prefekt	[prefekt]
burgemeester (de)	linnapea	[linnapea]

| rechter (de) | kohtunik | [kohtunik] |
| aanklager (de) | prokurör | [prokurør] |

missionaris (de)	misjonär	[misjonær]
monnik (de)	munk	[munk]
abt (de)	abee	[abe:]
rabbi, rabbijn (de)	rabi	[rabi]

vizier (de)	vesiir	[ʋesi:r]
sjah (de)	šahh	[ʃahh]
sjeik (de)	šeih	[ʃejh]

90. Agrarische beroepen

imker (de)	mesinik	[mesinik]
herder (de)	karjus	[karjus]
landbouwkundige (de)	agronoom	[agrono:m]

veehouder (de)	loomakasvataja	[lo:makasvataja]
dierenarts (de)	loomaarst	[lo:ma:rsʲt]
landbouwer (de)	talunik	[talunik]
wijnmaker (de)	veinimeister	[ʋejnimejsʲter]
zoöloog (de)	zooloog	[zo:lo:g]
cowboy (de)	kauboi	[kauboj]

91. Kunst beroepen

acteur (de)	näitleja	[næjtleja]
actrice (de)	näitlejanna	[nnaitlejanna]
zanger (de)	laulja	[laulja]
zangeres (de)	lauljanna	[lauljanna]
danser (de)	tantsija	[tantsija]
danseres (de)	tantsijanna	[tantsijanna]
artiest (mann.)	näitleja	[næjtleja]
artiest (vrouw.)	näitlejanna	[nnaitlejanna]
muzikant (de)	muusik	[mu:sik]
pianist (de)	pianist	[pianisʲt]
gitarist (de)	kitarrist	[kitarrisʲt]
orkestdirigent (de)	dirigent	[dirigent]
componist (de)	helilooja	[helilo:ja]
impresario (de)	impressaario	[impressa:rio]
filmregisseur (de)	lavastaja	[laʋasʲtaja]
filmproducent (de)	produtsent	[produtsent]
scenarioschrijver (de)	stsenarist	[sʲtsenarisʲt]
criticus (de)	kriitik	[kri:tik]
schrijver (de)	kirjanik	[kirjanik]
dichter (de)	luuletaja	[lu:letaja]
beeldhouwer (de)	skulptor	[skulʲptor]
kunstenaar (de)	kunstnik	[kunsʲtnik]
jongleur (de)	žonglöör	[ʒonglø:r]
clown (de)	kloun	[kloun]
acrobaat (de)	akrobaat	[akroba:t]
goochelaar (de)	mustkunstnik	[musʲtkunsʲtnik]

92. Verschillende beroepen

dokter, arts (de)	arst	[arsʲt]
ziekenzuster (de)	medõde	[medɜde]
psychiater (de)	psühhiaater	[psʉhhia:ter]
tandarts (de)	stomatoloog	[sʲtomatolo:g]
chirurg (de)	kirurg	[kirurg]

astronaut (de)	astronaut	[asʲtronaut]
astronoom (de)	astronoom	[asʲtronoːm]
piloot (de)	lendur, piloot	[lendur], [piloːt]
chauffeur (de)	autojuht	[autojuht]
machinist (de)	vedurijuht	[ʋedurijuht]
mecanicien (de)	mehaanik	[mehaːnik]
mijnwerker (de)	kaevur	[kaeʋur]
arbeider (de)	tööline	[tøːline]
bankwerker (de)	lukksepp	[lukksepp]
houtbewerker (de)	tisler	[tisler]
draaier (de)	treial	[trejalʲ]
bouwvakker (de)	ehitaja	[ehitaja]
lasser (de)	keevitaja	[keːʋitaja]
professor (de)	professor	[professor]
architect (de)	arhitekt	[arhitekt]
historicus (de)	ajaloolane	[ajaloːlane]
wetenschapper (de)	teadlane	[teatlane]
fysicus (de)	füüsik	[fʉːsik]
scheikundige (de)	keemik	[keːmik]
archeoloog (de)	arheoloog	[arheoloːg]
geoloog (de)	geoloog	[geoloːg]
onderzoeker (de)	uurija	[uːrija]
babysitter (de)	lapsehoidja	[lapsehojdja]
leraar, pedagoog (de)	pedagoog	[pedagoːg]
redacteur (de)	toimetaja	[tojmetaja]
chef-redacteur (de)	peatoimetaja	[peatojmetaja]
correspondent (de)	korrespondent	[korrespondent]
typiste (de)	masinakirjutaja	[masinakirjutaja]
designer (de)	disainer	[disainer]
computerexpert (de)	arvutispetsialist	[arʋutispetsialisʲt]
programmeur (de)	programmeerija	[programmeːrija]
ingenieur (de)	insener	[insener]
matroos (de)	meremees	[meremeːs]
zeeman (de)	madrus	[madrus]
redder (de)	päästja	[pæːsʲtja]
brandweerman (de)	tuletõrjuja	[tuletɜrjuja]
politieagent (de)	politseinik	[politsejnik]
nachtwaker (de)	valvur	[ʋalʲʋur]
detective (de)	detektiiv	[detektiːʋ]
douanier (de)	tolliametnik	[tolʲiametnik]
lijfwacht (de)	ihukaitsja	[ihukaitsja]
gevangenisbewaker (de)	järelvaataja	[jærelʲʋaːtaja]
inspecteur (de)	inspektor	[inspektor]
sportman (de)	sportlane	[sportlane]
trainer (de)	treener	[treːner]

slager, beenhouwer (de)	lihunik	[lihunik]
schoenlapper (de)	kingsepp	[kingsepp]
handelaar (de)	kaubareisija	[kaubarejsija]
lader (de)	laadija	[la:dija]
kledingstilist (de)	moekunstnik	[moekunsʲtnik]
model (het)	modell	[modelʲ]

93. Beroepen. Sociale status

scholier (de)	kooliõpilane	[ko:liɜpilane]
student (de)	üliõpilane	[ɥliɜpilane]
filosoof (de)	filosoof	[filoso:f]
econoom (de)	majandusteadlane	[majandusʲteatlane]
uitvinder (de)	leiutaja	[lejutaja]
werkloze (de)	töötu	[tø:tu]
gepensioneerde (de)	pensionär	[pensionær]
spion (de)	spioon	[spio:n]
gedetineerde (de)	vang	[ʋang]
staker (de)	streikija	[sʲtrejkija]
bureaucraat (de)	bürokraat	[bʉrokra:t]
reiziger (de)	rändur	[rændur]
homoseksueel (de)	homoseksualist	[homoseksualisʲt]
hacker (computerkraker)	häkker	[hækker]
bandiet (de)	bandiit	[bandi:t]
huurmoordenaar (de)	palgamõrvar	[palʲgamɜrʋar]
drugsverslaafde (de)	narkomaan	[narkoma:n]
drugshandelaar (de)	narkokaupmees	[narkokaupme:s]
prostituee (de)	prostituut	[prosʲtitu:t]
pooier (de)	sutenöör	[sutenø:r]
tovenaar (de)	nõid	[nɜit]
tovenares (de)	nõiamoor	[nɜiamo:r]
piraat (de)	piraat	[pira:t]
slaaf (de)	ori	[ori]
samoerai (de)	samurai	[samurai]
wilde (de)	metslane	[metslane]

Onderwijs

94. School

school (de)	kool	[ko:lʲ]
schooldirecteur (de)	koolidirektor	[ko:lidirektor]
leerling (de)	õpilane	[ɜpilane]
leerlinge (de)	õpilane	[ɜpilane]
scholier (de)	kooliõpilane	[ko:liɜpilane]
scholiere (de)	koolitüdruk	[ko:litʉdruk]
leren (lesgeven)	õpetama	[ɜpetama]
studeren (bijv. een taal ~)	õppima	[ɜppima]
van buiten leren	pähe õppima	[pæhe ɜppima]
leren (bijv. ~ tellen)	õppima	[ɜppima]
in school zijn (schooljongen zijn)	koolis käima	[ko:lis kæjma]
naar school gaan	kooli minema	[ko:li minema]
alfabet (het)	tähestik	[tæhesʲtik]
vak (schoolvak)	õppeaine	[ɜppeaine]
klaslokaal (het)	klass	[klass]
les (de)	tund	[tunt]
pauze (de)	vahetund	[ʋahetunt]
bel (de)	kell	[kelʲ]
schooltafel (de)	koolipink	[ko:lipink]
schoolbord (het)	tahvel	[tahʋelʲ]
cijfer (het)	hinne	[hinne]
goed cijfer (het)	hea hinne	[hea hinne]
slecht cijfer (het)	halb hinne	[halʲb hinne]
een cijfer geven	hinnet panema	[hinnet panema]
fout (de)	viga	[ʋiga]
fouten maken	vigu tegema	[ʋigu tegema]
corrigeren (fouten ~)	parandama	[parandama]
spiekbriefje (het)	spikker	[spikker]
huiswerk (het)	kodune ülesanne	[kodune ʉlesanne]
oefening (de)	harjutus	[harjutus]
aanwezig zijn (ww)	kohal olema	[kohalʲ olema]
absent zijn (ww)	puuduma	[pu:duma]
school verzuimen	puuduma koolist	[pu:duma ko:lisʲt]
bestraffen (een stout kind ~)	karistama	[karisʲtama]
bestraffing (de)	karistus	[karisʲtus]

T&P Books. Thematische woordenschat Nederlands-Estisch - 5000 woorden

gedrag (het)	käitumine	[kæjtumine]
cijferlijst (de)	päevik	[pæeʋik]
potlood (het)	pliiats	[pli:ats]
gom (de)	kustutuskumm	[kusʲtutuskumm]
krijt (het)	kriit	[kri:t]
pennendoos (de)	pinal	[pinalʲ]
boekentas (de)	portfell	[portfelʲ]
pen (de)	su epea	[sulepea]
schrift (de)	vihik	[ʋihik]
leerboek (het)	õp k	[ɜpik]
passer (de)	sirkel	[sirkelʲ]
technisch tekenen (ww)	jocnestama	[jo:nesʲtama]
technische tekening (de)	jocnis	[jo:nis]
gedicht (het)	luuletus	[lu:letus]
van buiten (bw)	peas olema	[peas olema]
van buiten leren	pähe õppima	[pæhe ɜppima]
vakantie (de)	koolivaheaeg	[ko:liʋaheaeg]
met vakantie zijn	koolivaheajal olema	[ko:liʋaheajalʲ olema]
vakantie doorbrengen	puhkust veetma	[puhkusʲt ʋe:tma]
toets (schriftelijke ~)	kontrolltöö	[kontrolʲtø:]
opstel (het)	kirjand	[kirjant]
dictee (het)	etteütlus	[etteʉtlus]
examen (het)	eksam	[eksam]
examen afleggen	eksamit sooritama	[eksamit so:ritama]
experiment (het)	katse	[katse]

95. Hogeschool. Universiteit

academie (de)	akadeemia	[akade:mia]
universiteit (de)	ülikool	[ʉliko:lʲ]
faculteit (de)	teaduskond	[teaduskont]
student (de)	üliõpilane	[ʉliɜpilane]
studente (de)	üliõpilane	[ʉliɜpilane]
leraar (de)	õppejõud	[ɜppejɜut]
collegezaal (de)	auditoorium	[audito:rium]
afgestudeerde (de)	ülikoolilõpetaja	[ʉliko:lilɜpetaja]
diploma (het)	diplom	[diplom]
dissertatie (de)	väitekiri	[ʋæjtekiri]
onderzoek (het)	teaduslik töö	[teaduslik tø:]
laboratorium (het)	labor	[labor]
college (het)	loer g	[loeng]
medestudent (de)	kursusekaaslane	[kursuseka:slane]
studiebeurs (de)	stipendium	[sʲtipendium]
academische graad (de)	teaduslik kraad	[teaduslik kra:t]

96. Wetenschappen. Disciplines

wiskunde (de)	matemaatika	[matema:tika]
algebra (de)	algebra	[alˈgebra]
meetkunde (de)	geomeetria	[geome:tria]
astronomie (de)	astronoomia	[asˈtrono:mia]
biologie (de)	bioloogia	[biolo:gia]
geografie (de)	geograafia	[geogra:fia]
geologie (de)	geoloogia	[geolo:gia]
geschiedenis (de)	ajalugu	[ajalugu]
geneeskunde (de)	meditsiin	[meditsi:n]
pedagogiek (de)	pedagoogika	[pedago:gika]
rechten (mv.)	õigus	[ɜigus]
fysica, natuurkunde (de)	füüsika	[fʉ:sika]
scheikunde (de)	keemia	[ke:mia]
filosofie (de)	filosoofia	[filoso:fia]
psychologie (de)	psühholoogia	[psʉhholo:gia]

97. Schrift. Spelling

grammatica (de)	grammatika	[grammatika]
vocabulaire (het)	sõnavara	[sɜnaʊara]
fonetiek (de)	foneetika	[fone:tika]
zelfstandig naamwoord (het)	nimisõnad	[nimisɜnat]
bijvoeglijk naamwoord (het)	omadussõnad	[omadussɜnat]
werkwoord (het)	tegusõna	[tegusɜna]
bijwoord (het)	määrsõna	[mæ:rsɜna]
voornaamwoord (het)	asesõna	[asesɜna]
tussenwerpsel (het)	hüüdsõna	[hʉ:dsɜna]
voorzetsel (het)	eessõna	[e:ssɜna]
stam (de)	sõna tüvi	[sɜna tʉʊi]
achtervoegsel (het)	lõpp	[lɜpp]
voorvoegsel (het)	eesliide	[e:sli:de]
lettergreep (de)	silp	[silˈp]
achtervoegsel (het)	järelliide	[jærelˈi:de]
nadruk (de)	rõhk	[rɜhk]
afkappingsteken (het)	apostroof	[aposˈtro:f]
punt (de)	punkt	[punkt]
komma (de/het)	koma	[koma]
puntkomma (de)	semikoolon	[semiko:lon]
dubbelpunt (de)	koolon	[ko:lon]
beletselteken (het)	kolmpunkt	[kolˈmpunkt]
vraagteken (het)	küsimärk	[kʉsimærk]
uitroepteken (het)	hüüumärk	[hʉ:umærk]

aanhalingstekens (mv.)	jutumärgid	[jutumærgit]
tussen aanhalingstekens (bw)	jutumärkides	[jutumærkides]
haakjes (mv.)	sulud	[sulut]
tussen haakjes (bw)	sulgudes	[sulʲgudes]
streepje (het)	sidekriips	[sidekri:ps]
gedachtestreepje (het)	mõttekriips	[mɜttekri:ps]
spatie	sõnavahe	[sɜnaʊahe]
(~ tussen twee woorden)		
letter (de)	täht	[tæht]
hoofdletter (de)	suur algustäht	[su:r alʲgusʲtæht]
klinker (de)	täishäälik	[tæjshæ:lik]
medeklinker (de)	kaashäälik	[ka:shæ:lik]
zin (de)	pakkumine	[pakkumine]
onderwerp (het)	alus	[alus]
gezegde (het)	öeldis	[øelʲdis]
regel (in een tekst)	rida	[rida]
op een nieuwe regel (bw)	uuelt realt	[u:elʲt realʲt]
alinea (de)	lõik	[lɜik]
woord (het)	sõna	[sɜna]
woordgroep (de)	sõnauhend	[sɜnaʊhent]
uitdrukking (de)	väljend	[ʊæljent]
synoniem (het)	sünonüüm	[sʉnonʉ:m]
antoniem (het)	antonüüm	[antonʉ:m]
regel (de)	reegel	[re:gelʲ]
uitzondering (de)	erand	[erant]
correct (bijv. ~e spelling)	õige	[ɜige]
vervoeging, conjugatie (de)	pööramine	[pø:ramine]
verbuiging, declinatie (de)	käänamine	[kæ:namine]
naamval (de)	kääne	[kæ:ne]
vraag (de)	küsimus	[kʉsimus]
onderstrepen (ww)	alla kriipsutama	[alʲæ kri:psutama]
stippellijn (de)	punktiir	[punkti:r]

98. Vreemde talen

taal (de)	keel	[ke:lʲ]
vreemd (bn)	võõr-	[ʊɜ:r-]
vreemde taal (de)	võõrkeel	[ʊɜ:rke:lʲ]
leren (bijv. van buiten ~)	uurima	[u:rima]
studeren (Nederlands ~)	õppima	[ɜppima]
lezen (ww)	lugema	[lugema]
spreken (ww)	rääkima	[ræ:kima]
begrijpen (ww)	aru saama	[aru sa:ma]
schrijven (ww)	kirjutama	[kirjutama]
snel (bw)	kiiresti	[ki:resʲti]

langzaam (bw)	aeglaselt	[aeglaselʲt]
vloeiend (bw)	vabalt	[ʋabalʲt]
regels (mv.)	reeglid	[re:glit]
grammatica (de)	grammatika	[grammatika]
vocabulaire (het)	sõnavara	[sɜnaʋara]
fonetiek (de)	foneetika	[fone:tika]
leerboek (het)	õpik	[ɜpik]
woordenboek (het)	sõnaraamat	[sɜnara:mat]
leerboek (het) voor zelfstudie	õpik iseõppijaile	[ɜpik iseɜppijaile]
taalgids (de)	vestmik	[ʋesʲtmik]
cassette (de)	kassett	[kassett]
videocassette (de)	videokassett	[ʋideokassett]
CD (de)	CD-plaat	[tsede pla:t]
DVD (de)	DVD	[dʊt]
alfabet (het)	tähestik	[tæhesʲtik]
spellen (ww)	veerima	[ʋe:rima]
uitspraak (de)	hääldamine	[hæ:lʲdamine]
accent (het)	aktsent	[aktsent]
met een accent (bw)	aktsendiga	[aktsendiga]
zonder accent (bw)	ilma aktsendita	[ilʲma aktsendita]
woord (het)	sõna	[sɜna]
betekenis (de)	mõiste	[mɜisʲte]
cursus (de)	kursused	[kursuset]
zich inschrijven (ww)	kirja panema	[kirja panema]
leraar (de)	õppejõud	[ɜppejɜut]
vertaling (een ~ maken)	tõlkimine	[tɜlʲkimine]
vertaling (tekst)	tõlge	[tɜlʲge]
vertaler (de)	tõlk	[tɜlʲk]
tolk (de)	tõlk	[tɜlʲk]
polyglot (de)	polüglott	[polʉglott]
geheugen (het)	mälu	[mælu]

Rusten. Entertainment. Reizen

99. Trip. Reizen

toerisme (het)	turism	[turism]
toerist (de)	turist	[turisʲt]
reis (de)	reis	[rejs]
avontuur (het)	seiklus	[sejklus]
tocht (de)	sõit	[sɜit]
vakantie (de)	puhkus	[puhkus]
met vakantie zijn	puhkusel olema	[puhkuselʲ olema]
rust (de)	puhkus	[puhkus]
trein (de)	rong	[rong]
met de trein	rongiga	[rongiga]
vliegtuig (het)	lennuk	[lennuk]
met het vliegtuig	lennukiga	[lennukiga]
met de auto	autoga	[autoga]
per schip (bw)	laevaga	[laevaga]
bagage (de)	pagas	[pagas]
valies (de)	kohver	[kohver]
bagagekarretje (het)	pagasikäru	[pagasikæru]
paspoort (het)	pass	[pass]
visum (het)	viisa	[vi:sa]
kaartje (het)	pilet	[pilet]
vliegticket (het)	lennukipilet	[lennukipilet]
reisgids (de)	teejuht	[te:juht]
kaart (de)	kaart	[ka:rt]
gebied (landelijk ~)	ala	[ala]
plaats (de)	koht	[koht]
exotische bestemming (de)	eksootika	[ekso:tika]
exotisch (bn)	eksootiline	[ekso:tiline]
verwonderlijk (bn)	üllatav	[ülʲætau]
groep (de)	grupp	[grupp]
rondleiding (de)	ekskursioon	[ekskursio:n]
gids (de)	ekskursioonijuht	[ekskursio:nijuht]

100. Hotel

hotel (het)	võõrastemaja	[vɜ:rasʲtemaja]
motel (het)	motell	[motelʲ]
3-sterren	kolm tärni	[kolʲm tærni]

5-sterren	viis tärni	[ʋi:s tærni]
overnachten (ww)	peatuma	[peatuma]

kamer (de)	number	[number]
eenpersoonskamer (de)	üheinimesetuba	[ʉhejnimesetuba]
tweepersoonskamer (de)	kaheinimesetuba	[kahejnimesetuba]
een kamer reserveren	tuba kinni panema	[tuba kinni panema]

halfpension (het)	poolpansion	[po:lʲpansion]
volpension (het)	täispansion	[tæjspansion]
met badkamer	vannitoaga	[ʋannitoaga]
met douche	dušiga	[duʃiga]
satelliet-tv (de)	satelliittelevisioon	[satelʲi:tteleʋisio:n]
airconditioner (de)	konditsioneer	[konditsione:r]
handdoek (de)	käterätik	[kæteræ tik]
sleutel (de)	võti	[ʋɔti]

administrateur (de)	administraator	[adminisʲtra:tor]
kamermeisje (het)	toatüdruk	[toatʉdruk]
piccolo (de)	pakikandja	[pakikandja]
portier (de)	uksehoidja	[uksehojdja]

restaurant (het)	restoran	[resʲtoran]
bar (de)	baar	[ba:r]
ontbijt (het)	hommikusöök	[hommikusø:k]
avondeten (het)	õhtusöök	[ɜhtusø:k]
buffet (het)	rootsi laud	[ro:tsi laut]

hal (de)	vestibüül	[ʋesʲtibʉ:lʲ]
lift (de)	lift	[lift]

NIET STOREN	MITTE SEGADA	[mitte segada]
VERBODEN TE ROKEN!	MITTE SUITSETADA!	[mitte suitsetada!]

T&F Books. Thematische woordenschat Nederlands-Estisch - 5000 woorden

TECHNISCHE APPARATUUR. VERVOER

Technische apparatuur

101. Computer

computer (de)	arvuti	[aruuti]
laptop (de)	sülearvuti	[sülearuuti]
aanzetten (ww)	sisse lülitama	[sisse lülitama]
uitzetten (ww)	välja lülitama	[vælja lülitama]
toetsenbord (het)	klaviatuur	[klauiatu:r]
toets (enter~)	klahv	[klahu]
muis (de)	hiir	[hi:r]
muismat (de)	hiirevaip	[hi:reuaip]
knopje (het)	nupp	[nupp]
cursor (de)	kursor	[kursor]
monitor (de)	kuvar	[kuuar]
scherm (het)	ekraan	[ekra:n]
harde schijf (de)	kõvaketas	[kɜuaketas]
volume (het) van de harde schijf	kõvaketta mälumaht	[kɜuaketta mælumaht]
geheugen (het)	mälu	[mælu]
RAM-geheugen (het)	operatiivmälu	[operati:umælu]
bestand (het)	fail	[failʲ]
folder (de)	kataloog	[katalo:g]
openen (ww)	avama	[auama]
sluiten (ww)	sulgema	[sulʲgema]
opslaan (ww)	salvestama	[salʲuesʲtama]
verwijderen (wissen)	eemaldama	[e:malʲdama]
kopiëren (ww)	kopeerima	[kope:rima]
sorteren (ww)	sorteerima	[sorte:rima]
overplaatsen (ww)	ümber kirjutama	[ümber kirjutama]
programma (het)	programm	[programm]
software (de)	tarkvara	[tarkuara]
programmeur (de)	programmeerija	[programme:rija]
programmeren (ww)	programmeerima	[programme:rima]
hacker (computerkraker)	häkker	[hækker]
wachtwoord (het)	parool	[paro:lʲ]
virus (het)	viirus	[ui:rus]
ontdekken (virus ~)	avastama	[auasʲtama]

95

byte (de)	bait	[bait]
megabyte (de)	megabait	[megabait]
data (de)	andmed	[andmet]
databank (de)	andmebaas	[andmeba:s]
kabel (USB-~, enz.)	kaabel	[ka:belʲ]
afsluiten (ww)	välja lülitama	[υælja lʉlitama]
aansluiten op (ww)	ühendama	[ʉhendama]

102. Internet. E-mail

internet (het)	internet	[internet]
browser (de)	brauser	[brauser]
zoekmachine (de)	otsimisressurss	[otsimisressurss]
internetprovider (de)	provaider	[proυaider]
webmaster (de)	veebimeister	[υe:bimejsʲter]
website (de)	veebilehekülg	[υe:bilehekʉlʲg]
webpagina (de)	veebilehekülg	[υe:bilehekʉlʲg]
adres (het)	aadress	[a:dress]
adresboek (het)	aadressiraamat	[a:dressira:mat]
postvak (het)	postkast	[posʲtkasʲt]
post (de)	post	[posʲt]
vol (~ postvak)	täis	[tæjs]
bericht (het)	teade	[teade]
binnenkomende berichten (mv.)	sissetulevad sõnumid	[sissetuleυat sɜnumit]
uitgaande berichten (mv.)	väljaminevad sõnumid	[υæljamineυat sɜnumit]
verzender (de)	saatja	[sa:tja]
verzenden (ww)	saatma	[sa:tma]
verzending (de)	saatmine	[sa:tmine]
ontvanger (de)	saaja	[sa:ja]
ontvangen (ww)	kätte saama	[kætte sa:ma]
correspondentie (de)	kirjavahetus	[kirjaυahetus]
corresponderen (met ...)	kirjavahetuses olema	[kirjaυahetuses olema]
bestand (het)	fail	[failʲ]
downloaden (ww)	allalaadimine	[alʲæla:dimine]
creëren (ww)	tegema	[tegema]
verwijderen (een bestand ~)	eemaldama	[e:malʲdama]
verwijderd (bn)	eemaldatud	[e:malʲdatut]
verbinding (de)	side	[side]
snelheid (de)	kiirus	[ki:rus]
modem (de)	modem	[modem]
toegang (de)	juurdepääs	[ju:rdepæ:s]
poort (de)	port	[port]
aansluiting (de)	lülitus	[lʉlitus]

zich aansluiten (ww)	sisse lülitama	[sisse lulitama]
selecteren (ww)	va ima	[ualima]
zoeken (ww)	ots ma	[otsima]

103. Elektriciteit

elektriciteit (de)	elekter	[elekter]
elektrisch (bn)	elektri-	[elektri-]
elektriciteitscentrale (de)	elektrijaam	[elektrija:m]
energie (de)	energia	[energia]
elektrisch vermogen (het)	elektrienergia	[elektrienergia]
lamp (de)	elektripirn	[elektripirn]
zaklamp (de)	taskulamp	[taskulamp]
straatlantaarn (de)	tänavalatern	[tænaualatern]
licht (elektriciteit)	elekter	[elekter]
aandoen (ww)	sisse lülitama	[sisse lulitama]
uitdoen (ww)	välja lülitama	[uælja lulitama]
het licht uitdoen	tuld kustutama	[tulʲt kusʲtutama]
doorbranden (gloeilamp)	läbi põlema	[lʲæbi pɜlema]
kortsluiting (de)	lühiühendus	[luhiuhendus]
onderbreking (de)	katke	[katke]
contact (het)	kontakt	[kontakt]
schakelaar (de)	lüliti	[luliti]
stopcontact (het)	pistikupesa	[pisʲtikupesa]
stekker (de)	pistik	[pisʲtik]
verlengsnoer (de)	pikendusjuhe	[pikendusjuhe]
zekering (de)	kaitse	[kaitse]
kabel (de)	juhe	[juhe]
bedrading (de)	juhtmed	[juhtmet]
ampère (de)	amper	[amper]
stroomsterkte (de)	voolutugevus	[uo:lutugeuus]
volt (de)	volt	[uolʲt]
spanning (de)	pinge	[pinge]
elektrisch toestel (het)	elektririist	[elektriri:sʲt]
indicator (de)	indikaator	[indika:tor]
elektricien (de)	elektrik	[elektrik]
solderen (ww)	jootma	[jo:tma]
soldeerbout (de)	jootekolb	[jo:tekolʲb]
stroom (de)	vool	[uo:lʲ]

104. Gereedschappen

werktuig (stuk gereedschap)	tööriist	[tø:ri:sʲt]
gereedschap (het)	tööriistad	[tø:ri:sʲtat]

T&P Books. Thematische woordenschat Nederlands-Estisch - 5000 woorden

uitrusting (de)	seadmed	[seadmet]
hamer (de)	haamer	[ha:mer]
schroevendraaier (de)	kruvikeeraja	[kruʋike:raja]
bijl (de)	kirves	[kirʋes]
zaag (de)	saag	[sa:g]
zagen (ww)	saagima	[sa:gima]
schaaf (de)	höövel	[hø:ʋelʲ]
schaven (ww)	hööveldama	[hø:ʋelʲdama]
soldeerbout (de)	jootekolb	[jo:tekolʲb]
solderen (ww)	jootma	[jo:tma]
vijl (de)	viil	[ʋi:lʲ]
nijptang (de)	tangid	[tangit]
combinatietang (de)	näpitstangid	[næpitsʲtangit]
beitel (de)	peitel	[pejtelʲ]
boorkop (de)	puur	[pu:r]
boormachine (de)	trellpuur	[trelʲpu:r]
boren (ww)	puurima	[pu:rima]
mes (het)	nuga	[nuga]
lemmet (het)	noatera	[noatera]
scherp (bijv. ~ mes)	terav	[teraʋ]
bot (bn)	nüri	[nʉri]
bot raken (ww)	nüriks minema	[nʉriks minema]
slijpen (een mes ~)	teritama	[teritama]
bout (de)	polt	[polʲt]
moer (de)	mutter	[mutter]
schroefdraad (de)	vint	[ʋint]
houtschroef (de)	kruvi	[kruʋi]
nagel (de)	nael	[naelʲ]
kop (de)	naelapea	[naelapea]
liniaal (de/het)	joonlaud	[jo:nlaut]
rolmeter (de)	mõõdulint	[mɜ:dulint]
waterpas (de/het)	vaaderpass	[ʋa:derpass]
loep (de)	luup	[lu:p]
meetinstrument (het)	mõõteriist	[mɜ:teri:sʲt]
opmeten (ww)	mõõtma	[mɜ:tma]
schaal (meetschaal)	skaala	[ska:la]
gegevens (mv.)	näit	[næjt]
compressor (de)	kompressor	[kompressor]
microscoop (de)	mikroskoop	[mikrosko:p]
pomp (de)	pump	[pump]
robot (de)	robot	[robot]
laser (de)	laser	[laser]
moersleutel (de)	mutrivõti	[mutriʋɜti]
plakband (de)	kleeplint	[kle:plint]

lijm (de)	liim	[liːm]
schuurpapier (het)	liivapaber	[liːuapaber]
veer (de)	vedru	[vedru]
magneet (de)	magnet	[magnet]
handschoenen (mv.)	kindad	[kindat]
touw (bijv. henneptouw)	nöör	[nøːr]
snoer (het)	nöör	[nøːr]
draad (de)	juhe	[juhe]
kabel (de)	kaabel	[kaːbelʲ]
moker (de)	sepavasar	[sepauasar]
breekijzer (het)	kang	[kang]
ladder (de)	redel	[redelʲ]
trapje (inklapbaar ~)	treppredel	[treppredelʲ]
aanschroeven (ww)	kinni keerama	[kinni keːrama]
losschroeven (ww)	lahti keerama	[lahti keːrama]
dichtpersen (ww)	kinni suruma	[kinni suruma]
vastlijmen (ww)	kleepima	[kleːpima]
snijden (ww)	lõikama	[lɔikama]
defect (het)	rike	[rike]
reparatie (de)	parandamine	[parandamine]
repareren (ww)	remontima	[remontima]
regelen (een machine ~)	reguleerima	[reguleːrima]
nakijken (ww)	kontrollima	[kontrolʲima]
controle (de)	kontrollimine	[kontrolʲimine]
gegevens (mv.)	näit	[næjt]
degelijk (bijv. ~ machine)	töökindel	[tøːkindelʲ]
ingewikkeld (bn)	keeruline	[keːruline]
roesten (ww)	roostetama	[roːsʲtetama]
roestig (bn)	roostetanud	[roːsʲtetanut]
roest (de/het)	rooste	[roːsʲte]

Vervoer

105. Vliegtuig

vliegtuig (het)	lennuk	[lennuk]
vliegticket (het)	lennukipilet	[lennukipilet]
luchtvaartmaatschappij (de)	lennukompanii	[lennukompani:]
luchthaven (de)	lennujaam	[lennuja:m]
supersonisch (bn)	ülehelikiiruse	[üleheliki:ruse]
gezagvoerder (de)	lennukikomandör	[lennukikomandør]
bemanning (de)	meeskond	[me:skont]
piloot (de)	piloot	[pilo:t]
stewardess (de)	stjuardess	[sʲtjuardess]
stuurman (de)	tüürimees	[tʉ:rime:s]
vleugels (mv.)	tiivad	[ti:ʋat]
staart (de)	saba	[saba]
cabine (de)	kabiin	[kabi:n]
motor (de)	mootor	[mo:tor]
landingsgestel (het)	telik	[telik]
turbine (de)	turbiin	[turbi:n]
propeller (de)	propeller	[propelʲer]
zwarte doos (de)	must kast	[musʲt kasʲt]
stuur (het)	tüür	[tʉ:r]
brandstof (de)	kütus	[kʉtus]
veiligheidskaart (de)	instruktsioon	[insʲtruktsio:n]
zuurstofmasker (het)	hapnikumask	[hapnikumask]
uniform (het)	vormiriietus	[ʋormiri:etus]
reddingsvest (de)	päästevest	[pæ:sʲteʋesʲt]
parachute (de)	langevari	[langeʋari]
opstijgen (het)	õhkutõusmine	[ɜhkutɜusmine]
opstijgen (ww)	õhku tõusma	[ɜhku tɜusma]
startbaan (de)	tõusurada	[tɜusurada]
zicht (het)	nähtavus	[næhtaʋus]
vlucht (de)	lend	[lent]
hoogte (de)	kõrgus	[kɜrgus]
luchtzak (de)	õhuauk	[ɜhuauk]
plaats (de)	koht	[koht]
koptelefoon (de)	kõrvaklapid	[kɜrʋaklapit]
tafeltje (het)	klapplaud	[klapplaut]
venster (het)	illuminaator	[ilʲumina:tor]
gangpad (het)	vahekäik	[ʋahekæjk]

106. Trein

trein (de)	rong	[rong]
elektrische trein (de)	elektrirong	[elektrirong]
sneltrein (de)	kiirrong	[ki:rrong]
diesellocomotief (de)	mootorvedur	[mo:toruedur]
locomotief (de)	auruvedur	[auruuedur]
rijtuig (het)	vagun	[uagun]
restauratierijtuig (het)	restoranvagun	[res'toranuagun]
rails (mv.)	rööpad	[rø:pat]
spoorweg (de)	raudtee	[raudte:]
dwarsligger (de)	liiper	[li:per]
perron (het)	platvorm	[platuorm]
spoor (het)	tee	[te:]
semafoor (de)	semafor	[semafor]
halte (bijv. kleine treinhalte)	jaam	[ja:m]
machinist (de)	vedurijuht	[uedurijuht]
kruier (de)	pakikandja	[pakikandja]
conducteur (de)	vagunisaatja	[uagunisa:tja]
passagier (de)	reisija	[rejsija]
controleur (de)	kontrolör	[kontrolør]
gang (in een trein)	koridor	[koridor]
noodrem (de)	hädapidur	[hædapidur]
coupé (de)	kupee	[kupe:]
bed (slaapplaats)	nari	[nari]
bovenste bed (het)	ülemine nari	[ʉlemine nari]
onderste bed (het)	alumine nari	[alumine nari]
beddengoed (het)	voodipesu	[uo:dipesu]
kaartje (het)	pilet	[pilet]
dienstregeling (de)	sõiduplaan	[sɜidupla:n]
informatiebord (het)	tabloo	[tablo:]
vertrekken	väljuma	[uæljuma]
(De trein vertrekt ...)		
vertrek (ov. een trein)	väljumine	[uæljumine]
aankomen (ov. de treinen)	saabuma	[sa:buma]
aankomst (de)	saabumine	[sa:bumine]
aankomen per trein	rongiga saabuma	[rongiga sa:buma]
in de trein stappen	rongile minema	[rongile minema]
uit de trein stappen	rongilt maha minema	[rongil't maha minema]
treinwrak (het)	rongiõnnetus	[rongiɜnnetus]
ontspoord zijn	rööbastelt maha jooksma	[rø:bas'tel't maha jo:ksma]
locomotief (de)	auruvedur	[auruuedur]
stoker (de)	kütja	[kʉtja]
stookplaats (de)	kolle	[kol'e]
steenkool (de)	süsi	[sʉsi]

107. Schip

schip (het)	laev	[laeʋ]
vaartuig (het)	laev	[laeʋ]
stoomboot (de)	aurik	[aurik]
motorschip (het)	mootorlaev	[mo:torlaeʋ]
lijnschip (het)	liinilaev	[li:nilaeʋ]
kruiser (de)	ristleja	[risʲtleja]
jacht (het)	jaht	[jaht]
sleepboot (de)	puksiir	[puksi:r]
duwbak (de)	lodi	[lodi]
ferryboot (de)	parvlaev	[parʋlaeʋ]
zeilboot (de)	purjelaev	[purjelaeʋ]
brigantijn (de)	brigantiin	[briganti:n]
IJsbreker (de)	jäälõhkuja	[jæ:lɜhkuja]
duikboot (de)	allveelaev	[alʲʋe:laeʋ]
boot (de)	paat	[pa:t]
sloep (de)	luup	[lu:p]
reddingssloep (de)	päästepaat	[pæ:sʲtepa:t]
motorboot (de)	kaater	[ka:ter]
kapitein (de)	kapten	[kapten]
zeeman (de)	madrus	[madrus]
matroos (de)	meremees	[mereme:s]
bemanning (de)	meeskond	[me:skont]
bootsman (de)	pootsman	[po:tsman]
scheepsjongen (de)	junga	[junga]
kok (de)	kokk	[kokk]
scheepsarts (de)	laevaarst	[laeʋa:rsʲt]
dek (het)	tekk	[tekk]
mast (de)	mast	[masʲt]
zeil (het)	puri	[puri]
ruim (het)	trümm	[trʉmm]
voorsteven (de)	vöör	[ʋø:r]
achtersteven (de)	ahter	[ahter]
roeispaan (de)	aer	[aer]
schroef (de)	kruvi	[kruʋi]
kajuit (de)	kajut	[kajut]
officierskamer (de)	ühiskajut	[ʉhiskajut]
machinekamer (de)	masinaruum	[masinaru:m]
brug (de)	kaptenisild	[kaptenisilʲt]
radiokamer (de)	raadiosõlm	[ra:diosɜlʲm]
radiogolf (de)	raadiolaine	[ra:diolaine]
logboek (het)	logiraamat	[logira:mat]
verrekijker (de)	pikksilm	[pikksilʲm]
klok (de)	kirikukell	[kirikukelʲ]

vlag (de)	lipp	[lipp]
kabel (de)	köis	[køis]
knoop (de)	sõlm	[sɜlʲm]
trapleuning (de)	käsipuu	[kæsipu:]
trap (de)	trapp	[trapp]
anker (het)	ankur	[ankur]
het anker lichten	ankur sisse	[ankur sisse]
het anker neerlaten	ankur välja	[ankur ʋælja]
ankerketting (de)	ankrukett	[ankrukett]
haven (bijv. containerhaven)	sadam	[sadam]
kaai (de)	sadam	[sadam]
aanleggen (ww)	randuma	[randuma]
wegvaren (ww)	kaldast eemalduma	[kalʲdasʲt e:malʲduma]
reis (de)	reis	[rejs]
cruise (de)	kruiis	[krui:s]
koers (de)	kurss	[kurss]
route (de)	marsruut	[marsru:t]
vaarwater (het)	laevasõidutee	[laeʋasɜidute:]
zandbank (de)	madalik	[madalik]
stranden (ww)	madalikule jääma	[madalikule jæ:ma]
storm (de)	torm	[torm]
signaal (het)	signaal	[signa:lʲ]
zinken (ov. een boot)	uppuma	[uppuma]
Man overboord!	Mees üle parda!	[me:s üle parda!]
SOS (noodsignaal)	SOS	[sos]
reddingsboei (de)	päästerõngas	[pæ:sʲterɜngas]

108. Vliegveld

luchthaven (de)	lennujaam	[lennuja:m]
vliegtuig (het)	lennuk	[lennuk]
luchtvaartmaatschappij (de)	lennukompanii	[lennukompani:]
luchtverkeersleider (de)	dispetšer	[dispetʃer]
vertrek (het)	väljalend	[ʋæljalent]
aankomst (de)	saabumine	[sa:bumine]
aankomen (per vliegtuig)	saabuma	[sa:buma]
vertrektijd (de)	väljalennuaeg	[ʋæljalennuaeg]
aankomstuur (het)	saabumisaeg	[sa:bumisaeg]
vertraagd zijn (ww)	hilinema	[hilinema]
vluchtvertraging (de)	väljalend hilineb	[ʋæljalent hilineb]
informatiebord (het)	teadetetabloo	[teadetetablo:]
informatie (de)	teave	[teaʋe]
aankondigen (ww)	teatama	[teatama]
vlucht (bijv. KLM ~)	reis	[rejs]

| douane (de) | toll | [tolʲ] |
| douanier (de) | tolliametnik | [tolʲiametnik] |

douaneaangifte (de)	deklaratsioon	[deklaratsio:n]
invullen (douaneaangifte ~)	täitma	[tæjtma]
een douaneaangifte invullen	deklaratsiooni täitma	[deklaratsio:ni tæjtma]
paspoortcontrole (de)	passikontroll	[passikontrolʲ]

bagage (de)	pagas	[pagas]
handbagage (de)	käsipakid	[kæsipakit]
bagagekarretje (het)	pagasikäru	[pagasikæru]

landing (de)	maandumine	[ma:ndumine]
landingsbaan (de)	maandumisrada	[ma:ndumisrada]
landen (ww)	maanduma	[ma:nduma]
vliegtuigtrap (de)	lennukitrepp	[lennukitrepp]

inchecken (het)	registreerimine	[regisʲtre:rimine]
incheckbalie (de)	registreerimiselett	[regisʲtre:rimiselett]
inchecken (ww)	registreerima	[regisʲtre:rima]
instapkaart (de)	lennukissemineku talong	[lennukissemineku talong]
gate (de)	lennukisse minek	[lennukisse minek]

transit (de)	transiit	[transi:t]
wachten (ww)	ootama	[o:tama]
wachtzaal (de)	ooteruum	[o:teru:m]
begeleiden (uitwuiven)	saatma	[sa:tma]
afscheid nemen (ww)	hüvasti jätma	[hɐuasʲti jætma]

Gebeurtenissen in het leven

109. Vakanties. Evenement

feest (het)	pidu	[pidu]
nationale feestdag (de)	rahvuspüha	[rahʋuspɤha]
feestdag (de)	pidupäev	[pidupæəʋ]
herdenken (ww)	pidu pidama	[pidu pidama]
gebeurtenis (de)	sündmus	[sɤndmus]
evenement (het)	üritus	[ɤritus]
banket (het)	bankett	[bankett]
receptie (de)	vastuvõtt	[ʋasʲtuʋɔtt]
feestmaal (het)	pidu	[pidu]
verjaardag (de)	aastapäev	[aːsʲtapæəʋ]
jubileum (het)	juubelipidu	[juːbelipidu]
vieren (ww)	tähistama	[tæhisʲtama]
Nieuwjaar (het)	Uusaasta	[uːsaːsʲta]
Gelukkig Nieuwjaar!	Head uut aastat!	[heat uːt aːsʲtat!]
Sinterklaas (de)	Jõuluvana	[jɜuluʋana]
Kerstfeest (het)	Jõulud	[jɜulut]
Vrolijk kerstfeest!	Rõõmsaid jõulupühi!	[rɜːmsait jɜulupɤhi!]
kerstboom (de)	jõulukuusk	[jɜuluku:sk]
vuurwerk (het)	saluut	[saluːt]
bruiloft (de)	pulmad	[pulʲmat]
bruidegom (de)	peigmees	[pejgmeːs]
bruid (de)	pruut	[pruːt]
uitnodigen (ww)	kutsuma	[kutsuma]
uitnodiging (de)	kutse	[kutse]
gast (de)	külaline	[kɤlaline]
op bezoek gaan	külla minema	[kɤlʲæ minema]
gasten verwelkomen	külalisi vastu võtma	[kɤlalisi ʋasʲtu ʋɔtma]
geschenk, cadeau (het)	kingitus	[kingitus]
geven (iets cadeau ~)	kinkima	[kinkima]
geschenken ontvangen	kingitusi saama	[kingitusi saːma]
boeket (het)	lillekimp	[lilʲekimp]
felicitaties (mv.)	õnnitlus	[ɜnnitlus]
feliciteren (ww)	õnnitlema	[ɜnnitlema]
wenskaart (de)	õnnitluskaart	[ɜnnitluskaːrt]
een kaartje versturen	kaarti saatma	[kaːrti saːtma]
een kaartje ontvangen	kaarti saama	[kaːrti saːma]

toast (de)	toost	[toːsʲt]
aanbieden (een drankje ~)	kostitama	[kosʲtitama]
champagne (de)	šampus	[ʃampus]
plezier hebben (ww)	lõbutsema	[lɜbutsema]
plezier (het)	lust	[lusʲt]
vreugde (de)	rõõm	[rɜːm]
dans (de)	tants	[tants]
dansen (ww)	tantsima	[tantsima]
wals (de)	valss	[ʋalʲss]
tango (de)	tango	[tango]

110. Begrafenissen. Begrafenis

kerkhof (het)	kalmistu	[kalʲmisʲtu]
graf (het)	haud	[haut]
kruis (het)	rist	[risʲt]
grafsteen (de)	hauakivi	[hauakiʋi]
omheining (de)	piirdeaed	[piːrdeaet]
kapel (de)	kabel	[kabelʲ]
dood (de)	surm	[surm]
sterven (ww)	surema	[surema]
overledene (de)	kadunu	[kadunu]
rouw (de)	lein	[lejn]
begraven (ww)	matma	[matma]
begrafenisonderneming (de)	matusebüroo	[matusebʉroː]
begrafenis (de)	matus	[matus]
krans (de)	pärg	[pærg]
doodskist (de)	kirst	[kirsʲt]
lijkwagen (de)	katafalk	[katafalʲk]
lijkkleed (de)	surilina	[surilina]
begrafenisstoet (de)	matuserongkäik	[matuserongkæjk]
urn (de)	urn	[urn]
crematorium (het)	krematoorium	[krematoːrium]
overlijdensbericht (het)	nekroloog	[nekroloːg]
huilen (wenen)	nutma	[nutma]
snikken (huilen)	ulguma	[ulʲguma]

111. Oorlog. Soldaten

peloton (het)	jagu	[jagu]
compagnie (de)	rood	[roːt]
regiment (het)	polk	[polʲk]
leger (armee)	kaitsevägi	[kaitseʋægi]
divisie (de)	divisjon	[diʋisjon]

sectie (de)	rühm	[rʉhm]
troep (de)	vägi	[vægi]
soldaat (militair)	sõdur	[sɜdur]
officier (de)	ohvitser	[ohvitser]
soldaat (rang)	reamees	[reame:s]
sergeant (de)	seersant	[se:rsant]
luitenant (de)	leitnant	[lejtnant]
kapitein (de)	kapten	[kapten]
majoor (de)	major	[major]
kolonel (de)	kolonel	[kolonelʲ]
generaal (de)	kindral	[kindralʲ]
matroos (de)	meremees	[mereme:s]
kapitein (de)	kapten	[kapten]
bootsman (de)	pootsman	[po:tsman]
artillerist (de)	suurtükiväelane	[su:rtʉkivæəlane]
valschermjager (de)	dessantväelane	[dessantvæəlane]
piloot (de)	lendur	[lendur]
stuurman (de)	tüürimees	[tʉ:rime:s]
mecanicien (de)	mehaanik	[meha:nik]
sappeur (de)	sapöör	[sapø:r]
parachutist (de)	langevarjur	[langevarjur]
verkenner (de)	luuraja	[lu:raja]
scherpschutter (de)	snaiper	[snaiper]
patrouille (de)	patrull	[patrulʲ]
patrouilleren (ww)	patrullima	[patrulʲima]
wacht (de)	tunnimees	[tunnime:s]
krijger (de)	sõjamees	[sɜjame:s]
patriot (de)	patrioot	[patrio:t]
held (de)	kangelane	[kangelane]
heldin (de)	kangelanna	[kangelanna]
verrader (de)	äraandja	[æra:ndja]
verraden (ww)	ära andma	[æra andma]
deserteur (de)	desertöör	[desertø:r]
deserteren (ww)	deserteerima	[deserte:rima]
huurling (de)	palgasõdur	[palʲgasɜdur]
rekruut (de)	noorsõdur	[no:rsɜdur]
vrijwilliger (de)	vabatahtlik	[vabatahtlik]
gedode (de)	tapetu	[tapetu]
gewonde (de)	haavatu	[ha:vatu]
krijgsgevangene (de)	sõjavang	[sɜjavang]

112. Oorlog. Militaire acties. Deel 1

oorlog (de)	sõda	[sɜda]
oorlog voeren (ww)	sõdima	[sɜdima]

burgeroorlog (de)	kodusõda	[kodusɜda]
achterbaks (bw)	reetlikult	[re:tlikulʲt]
oorlogsverklaring (de)	sõjakuulutamine	[sɜjaku:lutamine]
verklaren (de oorlog ~)	sõda kuulutama	[sɜda ku:lutama]
agressie (de)	agressioon	[agressio:n]
aanvallen (binnenvallen)	kallale tungima	[kalʲæle tungima]
binnenvallen (ww)	anastama	[anasʲtama]
invaller (de)	anastaja	[anasʲtaja]
veroveraar (de)	vallutaja	[ʋalʲutaja]
verdediging (de)	kaitse	[kaitse]
verdedigen (je land ~)	kaitsma	[kaitsma]
zich verdedigen (ww)	ennast kaitsma	[ennasʲt kaitsma]
vijand (de)	vaenlane	[ʋaenlane]
tegenstander (de)	vastane	[ʋasʲtane]
vijandelijk (bn)	vaenulik	[ʋaenulik]
strategie (de)	strateegia	[sʲtrate:gia]
tactiek (de)	taktika	[taktika]
order (de)	käsk	[kæsk]
bevel (het)	käsk	[kæsk]
bevelen (ww)	käskima	[kæskima]
opdracht (de)	ülesanne	[ʉlesanne]
geheim (bn)	salajane	[salajane]
veldslag (de)	võitlus	[ʋɜitlus]
strijd (de)	lahing	[lahing]
aanval (de)	rünnak	[rʉnnak]
bestorming (de)	rünnak	[rʉnnak]
bestormen (ww)	ründama	[rʉndama]
bezetting (de)	ümberpiiramine	[ʉmberpi:ramine]
aanval (de)	pealetung	[pealetung]
in het offensief te gaan	peale tungima	[peale tungima]
terugtrekking (de)	taganemine	[taganemine]
zich terugtrekken (ww)	taganema	[taganema]
omsingeling (de)	ümberpiiramine	[ʉmberpi:ramine]
omsingelen (ww)	ümber piirama	[ʉmber pi:rama]
bombardement (het)	pommitamine	[pommitamine]
een bom gooien	pommi heitma	[pommi hejtma]
bombarderen (ww)	pommitama	[pommitama]
ontploffing (de)	plahvatus	[plahʋatus]
schot (het)	lask	[lask]
een schot lossen	tulistama	[tulisʲtama]
schieten (het)	tulistamine	[tulisʲtamine]
mikken op (ww)	sihtima	[sihtima]
aanleggen (een wapen ~)	sihikule võtma	[sihikule ʋɜtma]

treffen (doelwit ~)	tabama	[tabama]
zinken (tot zinken brengen)	põhja laskma	[pɜhja laskma]
kogelgat (het)	mürsuauk	[mursuauk]
zinken (gezonken zijn)	põhja minema	[pɜhja minema]

front (het)	rinne	[rinne]
evacuatie (de)	evakuatsioon	[evakuatsio:n]
evacueren (ww)	evakueerima	[evakue:rima]

loopgraaf (de)	kaevik	[kaevik]
prikkeldraad (de)	okastraat	[okasⁱtra:t]
verdedigingsobstakel (het)	kaitsevall	[kaitsevalⁱ]
wachttoren (de)	vaatetorn	[va:tetorn]

hospitaal (het)	hospital	[hospitalⁱ]
verwonden (ww)	haavama	[ha:vama]
wond (de)	haav	[ha:v]
gewonde (de)	haavatu	[ha:vatu]
gewond raken (ww)	haavata saama	[ha:vata sa:ma]
ernstig (~e wond)	raske	[raske]

113. Oorlog. Militaire acties. Deel 2

krijgsgevangenschap (de)	vangistus	[vangisⁱtus]
krijgsgevangen nemen	vangi võtma	[vangi vɜtma]
krijgsgevangene zijn	vangis olema	[vangis olema]
krijgsgevangen genomen worden	vangi sattuma	[vangi sattuma]

concentratiekamp (het)	koonduslaager	[ko:ndusla:ger]
krijgsgevangene (de)	sõjavang	[sɜjavang]
vluchten (ww)	vangist põgenema	[vangisⁱt pɜgenema]

verraden (ww)	reetma, ära andma	[re:tma, æra andma]
verrader (de)	äraandja	[æra:ndja]
verraad (het)	reetmine	[re:tmine]

| fusilleren (executeren) | maha laskma | [maha laskma] |
| executie (de) | mahalaskmine | [mahalaskmine] |

uitrusting (de)	vormiriietus	[vormiri:etus]
schouderstuk (het)	pagun	[pagun]
gasmasker (het)	gaasimask	[ga:simask]

portofoon (de)	raadiosaatja	[ra:diosa:tja]
geheime code (de)	šiffer	[ʃiffer]
samenzwering (de)	konspiratsioon	[konspiratsio:n]
wachtwoord (het)	parool	[paro:lⁱ]

mijn (landmijn)	miin	[mi:n]
ondermijnen (legden mijnen)	mineerima	[mine:rima]
mijnenveld (het)	miiniväli	[mi:niværli]
luchtalarm (het)	õhuhäire	[ɜhuhæjre]
alarm (het)	häire	[hæjre]

signaal (het)	signaal	[signa:lʲ]
vuurpijl (de)	signaalrakett	[signa:lʲrakett]

staf (generale ~)	staap	[sʲta:p]
verkenningstocht (de)	luure	[lu:re]
toestand (de)	olukord	[olukort]
rapport (het)	raport	[raport]
hinderlaag (de)	varistus	[ʋarisʲtus]
versterking (de)	lisajõud	[lisajɜut]

doel (bewegend ~)	märklaud	[mærklaut]
proefterrein (het)	polügoon	[polʉgo:n]
manoeuvres (mv.)	manöövrid	[manø:ʋrit]

paniek (de)	paanika	[pa:nika]
verwoesting (de)	häving	[hæʋing]
verwoestingen (mv.)	purustused	[purusʲtuset]
verwoesten (ww)	purustama	[purusʲtama]

overleven (ww)	ellu jääma	[elʲu jæ:ma]
ontwapenen (ww)	relvituks tegema	[relʲʋituks tegema]
behandelen (een pistool ~)	relva käsitlema	[relʲʋa kæsitlema]

Geeft acht!	Valvel!	[ʋalʲʋel!]
Op de plaats rust!	Vabalt!	[ʋabalʲt!]

heldendaad (de)	kangelastegu	[kangelasʲtegu]
eed (de)	tõotus	[tɜotus]
zweren (een eed doen)	tõotama	[tɜotama]

decoratie (de)	autasu	[autasu]
onderscheiden (een ereteken geven)	autasustama	[autasusʲtama]
medaille (de)	medal	[medalʲ]
orde (de)	orden	[orden]

overwinning (de)	võit	[ʋɜit]
verlies (het)	kaotus	[kaotus]
wapenstilstand (de)	vaherahu	[ʋaherahu]

wimpel (vaandel)	lipp	[lipp]
roem (de)	kuulsus	[ku:lʲsus]
parade (de)	paraad	[para:t]
marcheren (ww)	marssima	[marssima]

114. Wapens

wapens (mv.)	relv	[relʲʋ]
vuurwapens (mv.)	tulirelv	[tulirelʲʋ]
koude wapens (mv.)	külmrelv	[kʉlʲmrelʲʋ]

chemische wapens (mv.)	keemiarelv	[ke:miarelʲʋ]
kern-, nucleair (bn)	tuuma-	[tu:ma-]
kernwapens (mv.)	tuumarelv	[tu:marelʲʋ]

bom (de)	pomm	[pomm]
atoombom (de)	aatomipomm	[a:tomipomm]

pistool (het)	püstol	[pʉsˈtolʲ]
geweer (het)	püss	[pʉss]
machinepistool (het)	automaat	[automa:t]
machinegeweer (het)	kuulipilduja	[ku:lipilʲduja]

loop (schietbuis)	püssitoru	[pʉssitoru]
loop (bijv. geweer met kortere ~)	püssitoru	[pʉssitoru]
kaliber (het)	kaliiber	[kali:ber]

trekker (de)	vinn	[ʋinn]
korrel (de)	sihik	[sihik]
magazijn (het)	padrunisalv	[padrunisalʲʋ]
geweerkolf (de)	püssipära	[pʉssipæra]

granaat (handgranaat)	granaat	[grana:t]
explosieven (mv.)	lõhkeaine	[lɜhkeaine]

kogel (de)	kuul	[ku:lʲ]
patroon (de)	padrun	[padrun]
lading (de)	laeng	[laeng]
ammunitie (de)	lahingumoon	[lahingumo:n]

bommenwerper (de)	pommilennuk	[pommilennuk]
straaljager (de)	hävituslennuk	[hæʋituslennuk]
helikopter (de)	helikopter	[helikopter]

afweergeschut (het)	õhutõrjekahur	[ɜhutɜrjekahur]
tank (de)	tank	[tank]
kanon (tank met een ~ van 76 mm)	kahur	[kahur]

artillerie (de)	kahurivägi	[kahuriʋægi]
kanon (het)	suurtükk	[su:rtʉkk]
aanleggen (een wapen ~)	sihikule võtma	[sihikule ʋɜtma]

projectiel (het)	mürsk	[mʉrsk]
mortiergranaat (de)	miin	[mi:n]
mortier (de)	miinipilduja	[mi:nipilʲduja]
granaatscherf (de)	kild	[kilʲt]

duikboot (de)	allveelaev	[alʲʋe:laeʋ]
torpedo (de)	torpeedo	[torpe:do]
raket (de)	rakett	[rakett]

laden (geweer, kanon)	laadima	[la:dima]
schieten (ww)	tulistama	[tulisˈtama]
richten op (mikken)	sihtima	[sihtima]
bajonet (de)	tääk	[tæ:k]

degen (de)	mõõk	[mɜ:k]
sabel (de)	saabel	[sa:belʲ]
speer (de)	oda	[oda]

boog (de)	vibu	[ʋibu]
pijl (de)	nool	[noːlʲ]
musket (de)	musket	[musket]
kruisboog (de)	arbalett	[arbalett]

115. Oude mensen

primitief (bn)	ürgne	[ʉrgne]
voorhistorisch (bn)	eelajalooline	[eːlajaloːline]
eeuwenoude (~ beschaving)	iidne	[iːdne]
Steentijd (de)	kiviaeg	[kiʋiaeg]
Bronstijd (de)	pronksiaeg	[pronksiaeg]
IJstijd (de)	jääaeg	[jæːːeg]
stam (de)	suguharu	[suguharu]
menseneter (de)	inimsööja	[inimsøːja]
jager (de)	kütt	[kʉtt]
jagen (ww)	jahil käima	[jahilʲ kæjma]
mammoet (de)	mammut	[mammut]
grot (de)	koobas	[koːbas]
vuur (het)	tuli	[tuli]
kampvuur (het)	lõke	[lɜke]
rotstekening (de)	kaljujoonis	[kaljujoːnis]
werkinstrument (het)	tööriist	[tøːriːsʲt]
speer (de)	oda	[oda]
stenen bijl (de)	kivikirves	[kiʋikirʋes]
oorlog voeren (ww)	sõdima	[sɜdima]
temmen (bijv. wolf ~)	kodustama	[kodusʲtama]
idool (het)	iidol	[iːdolʲ]
aanbidden (ww)	kummardama	[kummardama]
bijgeloof (het)	ebausk	[ebausk]
ritueel (het)	riitus	[riːtus]
evolutie (de)	evolutsioon	[eʋolutsioːn]
ontwikkeling (de)	areng	[areng]
verdwijning (de)	kadumine	[kadumine]
zich aanpassen (ww)	kohanema	[kohanema]
archeologie (de)	arheoloogia	[arheoloːgia]
archeoloog (de)	arheoloog	[arheoloːg]
archeologisch (bn)	arheoloogiline	[arheoloːgiline]
opgravingsplaats (de)	väljakaevamised	[ʋæljakaeʋamiset]
opgravingen (mv.)	väljakaevamised	[ʋæljakaeʋamiset]
vondst (de)	leid	[lejt]
fragment (het)	fragment	[fragment]

116. Middeleeuwen

volk (het)	rahvas	[rahʋas]
volkeren (mv.)	rahvad	[rahʋat]
stam (de)	suguharu	[suguharu]
stammen (mv.)	hõmud	[hɜimut]

barbaren (mv.)	barbar	[barbar]
Galliërs (mv.)	gallid	[galʲit]
Goten (mv.)	goodid	[go:dit]
Slaven (mv.)	slaavlased	[sla:ʋlaset]
Vikings (mv.)	viikingid	[ʋi:kingit]

| Romeinen (mv.) | roomlased | [ro:mlaset] |
| Romeins (bn) | rooma | [ro:ma] |

Byzantijnen (mv.)	bütsantslased	[bʉtsantslaset]
Byzantium (het)	Bütsants	[bʉtsants]
Byzantijns (bn)	bütsantsi	[bʉtsantsi]

keizer (bijv. Romeinse ~)	imperaator	[impera:tor]
opperhoofd (het)	pealik	[pealik]
machtig (bn)	võimas	[ʋɜimas]
koning (de)	kuningas	[kuningas]
heerser (de)	valitseja	[ʋalitseja]

ridder (de)	rüütel	[rʉ:telʲ]
feodaal (de)	feodaal	[feoda:lʲ]
feodaal (bn)	feodaalne	[feoda:lʲne]
vazal (de)	vasall	[ʋasalʲ]

hertog (de)	hertsog	[hertsog]
graaf (de)	krahv	[krahʋ]
baron (de)	parun	[parun]
bisschop (de)	piiskop	[pi:skop]

harnas (het)	lahinguvarustus	[lahinguʋarusʲtus]
schild (het)	kilp	[kilʲp]
zwaard (het)	mõõk	[mɜ:k]
vizier (het)	visiir	[ʋisi:r]
maliënkolder (de)	raudrüü	[raudrʉ:]

| kruistocht (de) | ristiretk | [risʲtiretk] |
| kruisvaarder (de) | ristirüütel | [risʲtirʉ:telʲ] |

gebied (bijv. bezette ~en)	territoorium	[territo:rium]
aanvallen (binnenvallen)	kallale tungima	[kalʲæle tungima]
veroveren (ww)	vallutama	[ʋalʲutama]
innemen (binnenvallen)	anastama	[anasʲtama]

bezetting (de)	ümberpiiramine	[ʉmberpi:ramine]
bezet (bn)	ümberpiiratud	[ʉmberpi:ratut]
belegeren (ww)	ümber piirama	[ʉmber pi:rama]
inquisitie (de)	inkvisitsioon	[inkʋisitsio:n]
inquisiteur (de)	inkvisiitor	[inkʋisi:tor]

foltering (de)	piinamine	[pi:namine]
wreed (bn)	julm	[julʲm]
ketter (de)	ketser	[ketser]
ketterij (de)	ketserlus	[ketserlus]
zeevaart (de)	meresõit	[meresɜit]
piraat (de)	piraat	[pira:t]
piraterij (de)	piraatlus	[pira:tlus]
enteren (het)	abordaaž	[aborda:ʒ]
buit (de)	sõjasaak	[sɜjasa:k]
schatten (mv.)	aarded	[a:rdet]
ontdekking (de)	maadeavastamine	[ma:deaʋasʲtamine]
ontdekken (bijv. nieuw land)	avastama	[aʋasʲtama]
expeditie (de)	ekspeditsioon	[ekspeditsio:n]
musketier (de)	musketär	[musketær]
kardinaal (de)	kardinal	[kardinalʲ]
heraldiek (de)	heraldika	[heralʲdika]
heraldisch (bn)	heraldiline	[heralʲdiline]

117. Leider. Baas. Autoriteiten

koning (de)	kuningas	[kuningas]
koningin (de)	kuninganna	[kuninganna]
koninklijk (bn)	kuninglik	[kuninglik]
koninkrijk (het)	kuningriik	[kuningri:k]
prins (de)	prints	[prints]
prinses (de)	printsess	[printsess]
president (de)	president	[president]
vicepresident (de)	asepresident	[asepresident]
senator (de)	senaator	[sena:tor]
monarch (de)	monarh	[monarh]
heerser (de)	valitseja	[ʋalitseja]
dictator (de)	diktaator	[dikta:tor]
tiran (de)	türann	[tʉrann]
magnaat (de)	magnaat	[magna:t]
directeur (de)	direktor	[direktor]
chef (de)	šeff	[ʃeff]
beheerder (de)	juhataja	[juhataja]
baas (de)	boss	[boss]
eigenaar (de)	peremees	[pereme:s]
leider (de)	liider	[li:der]
hoofd (bijv. ~ van de delegatie)	juht	[juht]
autoriteiten (mv.)	võimud	[ʋɜimut]
superieuren (mv.)	juhtkond	[juhtkont]
gouverneur (de)	kuberner	[kuberner]
consul (de)	konsul	[konsulʲ]

diplomaat (de)	diplomaat	[diploma:t]
burgemeester (de)	linnapea	[linnapea]
sheriff (de)	šerif	[ʃerif]
keizer (bijv. Romeinse ~)	imperaator	[impera:tor]
tsaar (de)	tsaar	[tsa:r]
farao (de)	vaarao	[ʋa:rao]
kan (de)	khaan	[kha:n]

118. De wet overtreden. Criminelen. Deel 1

bandiet (de)	bandiit	[bandi:t]
misdaad (de)	kuritegu	[kuritegu]
misdadiger (de)	kurjategija	[kurjategija]
dief (de)	varas	[ʋaras]
stelen (ww)	varastama	[ʋarasˈtama]
stelen, diefstal (de)	vargus	[ʋargus]
kidnappen (ww)	röövima	[rø:ʋima]
kidnapping (de)	inimrööv	[inimrø:ʋ]
kidnapper (de)	röövija	[rø:ʋija]
losgeld (het)	lunaraha	[lunaraha]
eisen losgeld (ww)	lunaraha nõudma	[lunaraha nɜudma]
overvallen (ww)	röövima	[rø:ʋima]
overval (de)	rööv	[rø:ʋ]
overvaller (de)	röövel	[rø:ʋelʲ]
afpersen (ww)	välja pressima	[ʋælja pressima]
afperser (de)	väljapressija	[ʋæljapressija]
afpersing (de)	väljapressimine	[ʋæljapressimine]
vermoorden (ww)	tapma	[tapma]
moord (de)	mõrv	[mɜrʋ]
moordenaar (de)	mõrvar	[mɜrʋar]
schot (het)	lask	[lask]
een schot lossen	tulistama	[tulisˈtama]
neerschieten (ww)	maha laskma	[maha laskma]
schieten (ww)	tulistama	[tulisˈtama]
schieten (het)	laskmine	[laskmine]
ongeluk (gevecht, enz.)	juhtum	[juhtum]
gevecht (het)	kaklus	[kaklus]
Help!	Appi!	[appi!]
slachtoffer (het)	ohver	[ohʋer]
beschadigen (ww)	vigastama	[ʋigasˈtama]
schade (de)	vigastus	[ʋigasˈtus]
lijk (het)	laip	[laip]
zwaar (~ misdrijf)	ränk	[rænk]
aanvallen (ww)	kallale tungima	[kalʲæle tungima]

slaan (iemand ~)	lööma	[lø:ma]
in elkaar slaan (toetakelen)	läbi peksma	[lʲæbi peksma]
ontnemen (beroven)	ära võtma	[æra ʋɜtma]
steken (met een mes)	pussitama	[pussitama]
verminken (ww)	sandiks peksma	[sandiks peksma]
verwonden (ww)	haavama	[ha:ʋama]
chantage (de)	šantaaž	[ʃanta:ʒ]
chanteren (ww)	šantažeerima	[ʃantaʒe:rima]
chanteur (de)	šantažeerija	[ʃantaʒe:rija]
afpersing (de)	reket	[reket]
afperser (de)	väljapressija	[ʋæljapressija]
gangster (de)	gangster	[gangsʲter]
maffia (de)	maffia	[maffia]
kruimeldief (de)	taskuvaras	[taskuʋaras]
inbreker (de)	murdvaras	[murdʋaras]
smokkelen (het)	salakaubandus	[salakaubandus]
smokkelaar (de)	salakaubavedaja	[salakaubaʋedaja]
namaak (de)	võltsing	[ʋɜlʲtsing]
namaken (ww)	võltsima	[ʋɜlʲtsima]
namaak-, vals (bn)	võltsitud	[ʋɜlʲtsitut]

119. De wet overtreden. Criminelen. Deel 2

verkrachting (de)	vägistamine	[ʋægisʲtamine]
verkrachten (ww)	vägistama	[ʋægisʲtama]
verkrachter (de)	vägistaja	[ʋægisʲtaja]
maniak (de)	maniakk	[maniakk]
prostituee (de)	prostituut	[prosʲtitu:t]
prostitutie (de)	prostitutsioon	[prosʲtitutsio:n]
pooier (de)	sutenöör	[sutenø:r]
drugsverslaafde (de)	narkomaan	[narkoma:n]
drugshandelaar (de)	narkokaupmees	[narkokaupme:s]
opblazen (ww)	õhku laskma	[ɜhku laskma]
explosie (de)	plahvatus	[plahʋatus]
in brand steken (ww)	süütama	[sʉ:tama]
brandstichter (de)	süütaja	[sʉ:taja]
terrorisme (het)	terrorism	[terrorism]
terrorist (de)	terrorist	[terrorisʲt]
gijzelaar (de)	pantvang	[pantʋang]
bedriegen (ww)	petma	[petma]
bedrog (het)	pettus	[pettus]
oplichter (de)	petis	[petis]
omkopen (ww)	pistist andma	[pisʲtisʲt andma]
omkoperij (de)	pistise andmine	[pisʲtise andmine]

smeergeld (het)	altkäemaks	[alˈtkæəmaks]
vergif (het)	mürk	[mʉrk]
vergiftigen (ww)	mürgitama	[mʉrgitama]
vergif innemen (ww)	enn ast mürgitama	[ennasˈt mʉrgitama]
zelfmoord (de)	enesetapp	[enesetapp]
zelfmoordenaar (de)	enesetapja	[enesetapja]
bedreigen	ähvardama	[æhʊardama]
(bijv. met een pistool)		
bedreiging (de)	ähvardus	[æhʊardus]
een aanslag plegen	kallale kippuma	[kalʲæle kippuma]
aanslag (de)	elule kallalekippumine	[elule kalʲælekippumine]
stelen (een auto)	ärandama	[ærandama]
kapen (een vliegtuig)	kaaperdama	[ka:perdama]
wraak (de)	kättemaks	[kættemaks]
wreken (ww)	kätte maksma	[kætte maksma]
martelen (gevangenen)	piinama	[pi:nama]
foltering (de)	piinamine	[pi:namine]
folteren (ww)	vaevama	[ʊaeʊama]
piraat (de)	piraat	[pira:t]
straatschender (de)	huligaan	[huliga:n]
gewapend (bn)	relvastatud	[relʲʊasˈtatut]
geweld (het)	vägivald	[ʊægiʊalˈt]
onwettig (strafbaar)	illegaalne	[ilʲega:lʲne]
spionage (de)	spionaaž	[spiona:ʒ]
spioneren (ww)	nuhkima	[nuhkima]

120. Politie. Wet. Deel 1

gerecht (het)	kohtumõistmine	[kohtumɜisˈtmine]
gerechtshof (het)	kohus	[kohus]
rechter (de)	kohtunik	[kohtunik]
jury (de)	vandemees	[ʊandeme:s]
juryrechtspraak (de)	vandemeeste kohus	[ʊandeme:sˈte kohus]
berechten (ww)	kohut mõistma	[kohut mɜisˈtma]
advocaat (de)	advokaat	[adʊoka:t]
beklaagde (de)	kohtualune	[kohtualune]
beklaagdenbank (de)	kohtupink	[kohtupink]
beschuldiging (de)	süüdistus	[sʉ:disˈtus]
beschuldigde (de)	süüdistatav	[sʉ:disˈtataʊ]
vonnis (het)	kohtuotsus	[kohtuotsus]
veroordelen	süüdi mõistma	[sʉ:di mɜisˈtma]
(in een rechtszaak)		
schuldige (de)	süüdlane	[sʉ:tlane]

straffen (ww)	karistama	[karisʲtama]
bestraffing (de)	karistus	[karisʲtus]

boete (de)	trahv	[trahʊ]
levenslange opsluiting (de)	eluaegne vanglakaristus	[eluaegne ʋanglakarisʲtus]
doodstraf (de)	surmanuhtlus	[surmanuhtlus]
elektrische stoel (de)	elektritool	[elektrito:lʲ]
schavot (het)	võllas	[ʊɜlʲæs]

executeren (ww)	hukkama	[hukkama]
executie (de)	hukkamine	[hukkamine]

gevangenis (de)	vangla	[ʋangla]
cel (de)	vangikong	[ʋangikong]

konvooi (het)	konvoi	[konʋoj]
gevangenisbewaker (de)	vangivalvur	[ʋangiʋalʲʊur]
gedetineerde (de)	vang	[ʋang]

handboeien (mv.)	käerauad	[kæərauat]
handboeien omdoen	käsi raudu panema	[kæsi raudu panema]

ontsnapping (de)	põgenemine	[pɜgenemine]
ontsnappen (ww)	põgenema	[pɜgenema]
verdwijnen (ww)	kadunuks jääma	[kadunuks jæ:ma]
vrijlaten (uit de gevangenis)	vabastama	[ʋabasʲtama]
amnestie (de)	amnestia	[amnesʲtia]

politie (de)	politsei	[politsej]
politieagent (de)	politseinik	[politsejnik]
politiebureau (het)	politseijaoskond	[politsejjaoskont]
knuppel (de)	kumminui	[kumminui]
megafoon (de)	ruupor	[ru:por]

patrouilleerwagen (de)	patrullauto	[patrulʲæuto]
sirene (de)	sireen	[sire:n]
de sirene aansteken	sireeni sisse lülitama	[sire:ni sisse lülitama]
geloei (het) van de sirene	sireen heli	[sire:n heli]

plaats delict (de)	sündmuspaik	[sündmuspaik]
getuige (de)	tunnistaja	[tunnisʲtaja]
vrijheid (de)	vabadus	[ʋabadus]
handlanger (de)	kaasosaline	[ka:sosaline]
ontvluchten (ww)	varjuma	[ʋarjuma]
spoor (het)	jälg	[jælʲg]

121. Politie. Wet. Deel 2

opsporing (de)	tagaotsimine	[tagaotsimine]
opsporen (ww)	otsima ...	[otsima ...]
verdenking (de)	kahtlustus	[kahtlusʲtus]
verdacht (bn)	kahtlane	[kahtlane]
aanhouden (stoppen)	peatama	[peatama]
tegenhouden (ww)	kinni pidama	[kinni pidama]

strafzaak (de)	kohtuasi	[kohtuasi]
onderzoek (het)	uurimine	[u:rimine]
detective (de)	detektiiv	[detekti:u]
onderzoeksrechter (de)	uurija	[u:rija]
versie (de)	versioon	[uersio:n]
motief (het)	motiiv	[moti:u]
verhoor (het)	ülekuulamine	[ɥleku:lamine]
ondervragen (door de politie)	üle kuulama	[ɥle ku:lama]
ondervragen (omstanders ~)	küsitlema	[kɥsitlema]
controle (de)	kontrollimine	[kontrolʲimine]
razzia (de)	haarang	[ha:rang]
huiszoeking (de)	läbiotsimine	[lʲæbiotsimine]
achtervolging (de)	tagaajamine	[taga:jamine]
achtervolgen (ww)	jälitama	[jælitama]
opsporen (ww)	jälgima	[jælʲgima]
arrest (het)	arest	[aresʲt]
arresteren (ww)	arreteerima	[arrete:rima]
vangen, aanhouden (een dief, enz.)	kinni võtma	[kinni uɜtma]
aanhouding (de)	kinnivõtmine	[kinniuɜtmine]
document (het)	dokument	[dokument]
bewijs (het)	tõestus	[tɜesʲtus]
bewijzen (ww)	tõestama	[tɜesʲtama]
voetspoor (het)	jälg	[jælʲg]
vingerafdrukken (mv.)	sõrmejäljed	[sɜrmejæljet]
bewijs (het)	süütõend	[sɥ:tɜent]
alibi (het)	alibi	[alibi]
onschuldig (bn)	süütu	[sɥ:tu]
onrecht (het)	ebaõiglus	[ebaɜiglus]
onrechtvaardig (bn)	ebaõiglane	[ebaɜiglane]
crimineel (bn)	kriminaalne	[krimina:lʲne]
confisqueren (in beslag nemen)	konfiskeerima	[konfiske:rima]
drug (de)	narkootik	[narko:tik]
wapen (het)	relv	[relʲu]
ontwapenen (ww)	relvituks tegema	[relʲuituks tegema]
bevelen (ww)	käskima	[kæskima]
verdwijnen (ww)	ära kaduma	[æra kaduma]
wet (de)	seadus	[seadus]
wettelijk (bn)	seaduslik	[seaduslik]
onwettelijk (bn)	ebaseaduslik	[ebaseaduslik]
verantwoordelijkheid (de)	vastutus	[uasʲtutus]
verantwoordelijk (bn)	vastutama	[uasʲtutama]

NATUUR

De Aarde. Deel 1

122. De kosmische ruimte

kosmos (de)	kosmos	[kosmos]
kosmisch (bn)	kosmiline	[kosmiline]
kosmische ruimte (de)	maailmaruum	[ma:ilˡmaru:m]
wereld (de)	maailm	[ma:ilˡm]
heelal (het)	universum	[uniʋersum]
sterrenstelsel (het)	galaktika	[galaktika]
ster (de)	täht	[tæht]
sterrenbeeld (het)	tähtkuju	[tæhtkuju]
planeet (de)	planeet	[plane:t]
satelliet (de)	satelliit	[satelˡi:t]
meteoriet (de)	meteoriit	[meteori:t]
komeet (de)	komeet	[kome:t]
asteroïde (de)	asteroid	[asˡterojt]
baan (de)	orbiit	[orbi:t]
draaien (om de zon, enz.)	keerlema	[ke:rlema]
atmosfeer (de)	atmosfäär	[atmosfæ:r]
Zon (de)	Päike	[pæjke]
zonnestelsel (het)	Päikesesüsteem	[pæjkesesusˡte:m]
zonsverduistering (de)	päiksevarjutus	[pæjkseʋarjutus]
Aarde (de)	Maa	[ma:]
Maan (de)	Kuu	[ku:]
Mars (de)	Marss	[marss]
Venus (de)	Veenus	[ʋe:nus]
Jupiter (de)	Jupiter	[jupiter]
Saturnus (de)	Saturn	[saturn]
Mercurius (de)	Merkuur	[merku:r]
Uranus (de)	Uraan	[ura:n]
Neptunus (de)	Neptuun	[neptu:n]
Pluto (de)	Pluuto	[plu:to]
Melkweg (de)	Linnutee	[linnute:]
Grote Beer (de)	Suur Vanker	[su:r ʋanker]
Poolster (de)	Põhjanael	[pɜhjanaelˡ]
marsmannetje (het)	marslane	[marslane]
buitenaards wezen (het)	võõra planeedi asukas	[ʋɤ:ra plane:di asukas]

bovenaards (het)	tulnukas	[tul'nukas]
vliegende schotel (de)	lendav taldrik	[lendau tal'drik]
ruimtevaartuig (het)	kosmoselaev	[kosmoselaeu]
ruimtestation (het)	orbitaaljaam	[orbita:lja:m]
start (de)	start	[s'tart]
motor (de)	mootor	[mo:tor]
straalpijp (de)	düüs	[dɯ:s]
brandstof (de)	kütus	[kɯtus]
cabine (de)	kabiin	[kabi:n]
antenne (de)	antenn	[antenn]
patrijspoort (de)	illuminaator	[il'umina:tor]
zonnebatterij (de)	päikesepatarei	[pæjkesepatarej]
ruimtepak (het)	skafander	[skafander]
gewichtloosheid (de)	kaaluta olek	[ka:luta olek]
zuurstof (de)	hapnik	[hapnik]
koppeling (de)	põkkumine	[pɜkkumine]
koppeling maken	põkkama	[pɜkkama]
observatorium (het)	observatoorium	[obseruato:rium]
telescoop (de)	teleskoop	[telesko:p]
waarnemen (ww)	jälgima	[jæl'gima]
exploreren (ww)	uurima	[u:rima]

123. De Aarde

Aarde (de)	Maa	[ma:]
aardbol (de)	maakera	[ma:kera]
planeet (de)	planeet	[plane:t]
atmosfeer (de)	atmosfäär	[atmosfæ:r]
aardrijkskunde (de)	geograafia	[geogra:fia]
natuur (de)	loodus	[lo:dus]
wereldbol (de)	gloobus	[glo:bus]
kaart (de)	kaart	[ka:rt]
atlas (de)	atlas	[atlas]
Europa (het)	Euroopa	[euro:pa]
Azië (het)	Aasia	[a:sia]
Afrika (het)	Aafrika	[a:frika]
Australië (het)	Austraalia	[aus'tra:lia]
Amerika (het)	Ameerika	[ame:rika]
Noord-Amerika (het)	Põhja-Ameerika	[pɜhja-ame:rika]
Zuid-Amerika (het)	Lõuna-Ameerika	[lɜuna-ame:rika]
Antarctica (het)	Antarktis	[antarktis]
Arctis (de)	Arktika	[arktika]

124. Windrichtingen

noorden (het)	põhi	[pɜhi]
naar het noorden	põhja	[pɜhja]
in het noorden	põhjas	[pɜhjas]
noordelijk (bn)	põhja-	[pɜhja-]

zuiden (het)	lõuna	[lɜuna]
naar het zuiden	lõunasse	[lɜunasse]
in het zuiden	lõunas	[lɜunas]
zuidelijk (bn)	lõuna-	[lɜuna-]

westen (het)	lääs	[lʲæːs]
naar het westen	läände	[lʲæːnde]
in het westen	läänes	[lʲæːnes]
westelijk (bn)	lääne-	[lʲæːne-]

oosten (het)	ida	[ida]
naar het oosten	itta	[itta]
in het oosten	idas	[idas]
oostelijk (bn)	ida-	[ida-]

125. Zee. Oceaan

zee (de)	meri	[meri]
oceaan (de)	ookean	[oːkean]
golf (baai)	laht	[laht]
straat (de)	väin	[ʋæjn]

grond (vaste grond)	maismaa	[maismaː]
continent (het)	manner	[manner]
eiland (het)	saar	[saːr]
schiereiland (het)	poolsaar	[poːlʲsaːr]
archipel (de)	arhipelaag	[arhipelaːg]

baai, bocht (de)	laht	[laht]
haven (de)	sadam	[sadam]
lagune (de)	laguun	[laguːn]
kaap (de)	neem	[neːm]

atol (de)	atoll	[atolʲ]
rif (het)	riff	[riff]
koraal (het)	korall	[koralʲ]
koraalrif (het)	korallrahu	[koralʲrahu]

diep (bn)	sügav	[sʉgaʋ]
diepte (de)	sügavus	[sʉgaʋus]
diepzee (de)	sügavik	[sʉgaʋik]
trog (bijv. Marianentrog)	nõgu	[nɜgu]

stroming (de)	hoovus	[hoːʋus]
omspoelen (ww)	uhtuma	[uhtuma]
oever (de)	rand	[rant]

kust (de)	rannik	[rannik]
vloed (de)	tõus	[tɜus]
eb (de)	mõõn	[mɜ:n]
ondiepte (ondiep water)	madalik	[madalik]
bodem (de)	põhi	[pɜhi]
golf (hoge ~)	laine	[laine]
golfkam (de)	lainehari	[lainehari]
schuim (het)	vaht	[ʋaht]
storm (de)	torm	[torm]
orkaan (de)	orkaan	[orka:n]
tsunami (de)	tsunami	[tsunami]
windstilte (de)	tuulevaikus	[tu:leʋaikus]
kalm (bijv. ~e zee)	rahulik	[rahulik]
pool (de)	poolus	[po:lus]
polair (bn)	polaar-	[pola:r-]
breedtegraad (de)	laius	[laius]
lengtegraad (de)	pikkus	[pikkus]
parallel (de)	paralleel	[paralʲe:lʲ]
evenaar (de)	ekvaator	[ekʋa:tor]
hemel (de)	taevas	[taeʋas]
horizon (de)	silmapiir	[silʲmapi:r]
lucht (de)	õhk	[ɜhk]
vuurtoren (de)	majakas	[majakas]
duiken (ww)	sukelduma	[sukelʲduma]
zinken (ov. een boot)	uppuma	[uppuma]
schatten (mv.)	aarded	[a:rdet]

126. Namen van zeeën en oceanen

Atlantische Oceaan (de)	Atlandi ookean	[atlandi o:kean]
Indische Oceaan (de)	India ookean	[india o:kean]
Stille Oceaan (de)	Vaikne ookean	[ʋaikne o:kean]
Noordelijke IJszee (de)	Põhja-Jäämeri	[pɜhja-jæ:meri]
Zwarte Zee (de)	Must meri	[musʲt meri]
Rode Zee (de)	Punane meri	[punane meri]
Gele Zee (de)	Kolane meri	[kolʲæne meri]
Witte Zee (de)	Valge meri	[ʋalʲge meri]
Kaspische Zee (de)	Kaspia meri	[kaspia meri]
Dode Zee (de)	Surnumeri	[surnumeri]
Middellandse Zee (de)	Vahemeri	[ʋahemeri]
Egeïsche Zee (de)	Egeuse meri	[egeuse meri]
Adriatische Zee (de)	Aadria meri	[a:dria meri]
Arabische Zee (de)	Araabia meri	[ara:bia meri]
Japanse Zee (de)	Jaapani meri	[ja:pani meri]

| Beringzee (de) | Beringi meri | [beringi meri] |
| Zuid-Chinese Zee (de) | Lõuna-Hiina meri | [lɜuna-hi:na meri] |

Koraalzee (de)	Korallide meri	[koralʲide meri]
Tasmanzee (de)	Tasmaania meri	[tasma:nia meri]
Caribische Zee (de)	Kariibi meri	[kari:bi meri]

| Barentszzee (de) | Barentsi meri | [barentsi meri] |
| Karische Zee (de) | Kara meri | [kara meri] |

Noordzee (de)	Põhjameri	[pɜhjameri]
Baltische Zee (de)	Läänemeri	[lʲæ:nemeri]
Noorse Zee (de)	Norra meri	[norra meri]

127. Bergen

berg (de)	mägi	[mægi]
bergketen (de)	mäeahelik	[mæəahelik]
gebergte (het)	mäeahelik	[mæəahelik]

bergtop (de)	tipp	[tipp]
bergpiek (de)	mäetipp	[mæətipp]
voet (ov. de berg)	jalam	[jalam]
helling (de)	nõlv	[nɜlʲʊ]

vulkaan (de)	vulkaan	[ʊulʲka:n]
actieve vulkaan (de)	tegutsev vulkaan	[tegutseʊ ʊulʲka:n]
uitgedoofde vulkaan (de)	kustunud vulkaan	[kusʲtunut ʊulʲka:n]

uitbarsting (de)	vulkaanipurse	[ʊulʲka:nipurse]
krater (de)	kraater	[kra:ter]
magma (het)	magma	[magma]
lava (de)	laava	[la:ʊa]
gloeiend (~e lava)	hõõguv	[hɜ:guʊ]

kloof (canyon)	kanjon	[kanjon]
bergkloof (de)	kuristik, taarn	[kurisʲtik, ta:rn]
spleet (de)	kaljulõhe	[kaljulɜhe]
afgrond (de)	kuristik	[kurisʲtik]

bergpas (de)	kuru	[kuru]
plateau (het)	platoo	[plato:]
klip (de)	kalju	[kalju]
heuvel (de)	küngas	[kᵾngas]

gletsjer (de)	liustik	[liusʲtik]
waterval (de)	juga	[juga]
geiser (de)	geiser	[gejser]
meer (het)	järv	[jæɾʊ]

vlakte (de)	lausmaa	[lausma:]
landschap (het)	maastik	[ma:sʲtik]
echo (de)	kaja	[kaja]
alpinist (de)	alpinist	[alʲpinisʲt]

bergbeklimmer (de)	kaljuronija	[kaljuronija]
trotseren (berg ~)	vallutama	[ʋalʲutama]
beklimming (de)	mäkketõus	[mækketɜus]

128. Bergen namen

Alpen (de)	Alpid	[alʲpit]
Mont Blanc (de)	Mont Blanc	[mon blan]
Pyreneeën (de)	Püreneed	[pʉrene:t]
Karpaten (de)	Karpaadid	[karpa:dit]
Oeralgebergte (het)	Uurali mäed	[u:rali mæət]
Kaukasus (de)	Kaukasus	[kaukasus]
Elbroes (de)	Elbrus	[elʲbrus]
Altaj (de)	Altai	[alʲtai]
Tiensjan (de)	Tjan-Šan	[tjanʃan]
Pamir (de)	Pamiir	[pami:r]
Himalaya (de)	Himaalaja	[hima:laja]
Everest (de)	Everest	[eʋeresʲt]
Andes (de)	Andid	[andit]
Kilimanjaro (de)	Kilimandžaaro	[kilimandʒa:ro]

129. Rivieren

rivier (de)	jõgi	[jɜgi]
bron (~ van een rivier)	allikas	[alʲikas]
rivierbedding (de)	säng	[sæng]
rivierbekken (het)	bassein	[bassejn]
uitmonden in ...	suubuma	[su:buma]
zijrivier (de)	lisajõgi	[lisajɜgi]
oever (de)	kallas	[kalʲæs]
stroming (de)	vool	[ʋo:lʲ]
stroomafwaarts (bw)	allavoolu	[alʲæʋo:lu]
stroomopwaarts (bw)	ülesvoolu	[ʉlesʋo:lu]
overstroming (de)	üleujutus	[ʉleujutus]
overstroming (de)	suurvesi	[su:rʋesi]
buiten zijn oevers treden	üle ujutama	[ʉle ujutama]
overstromen (ww)	uputama	[uputama]
zandbank (de)	madalik	[madalik]
stroomversnelling (de)	lävi	[lʲæʋi]
dam (de)	pais	[pais]
kanaal (het)	kanal	[kanalʲ]
spaarbekken (het)	veehoidla	[ʋe:hojtla]
sluis (de)	lüüs	[lʉ:s]
waterlichaam (het)	veekogu	[ʋe:kogu]

moeras (het)	soo	[so:]
broek (het)	öötssoo	[ɜ:tsso:]
draaikolk (de)	veekeeris	[ʋe:ke:ris]
stroom (de)	oja	[oja]
drink- (abn)	joogi-	[jo:gi-]
zoet (~ water)	mage-	[mage-]
IJs (het)	jää	[jæ:]
bevriezen (rivier, enz.)	külmuma	[kʉlʲmuma]

130. Namen van rivieren

Seine (de)	Seine	[sen]
Loire (de)	Loire	[lua:r]
Theems (de)	Thames	[tems]
Rijn (de)	Rein	[rejn]
Donau (de)	Doonau	[do:nau]
Wolga (de)	Volga	[ʋolʲga]
Don (de)	Don	[don]
Lena (de)	Leena	[le:na]
Gele Rivier (de)	Huang He	[huanhe]
Blauwe Rivier (de)	Jangtse	[jangtse]
Mekong (de)	Mekong	[mekong]
Ganges (de)	Ganges	[ganges]
Nijl (de)	Niilus	[ni:lus]
Kongo (de)	Kongo	[kongo]
Okavango (de)	Okavango	[okaʋango]
Zambezi (de)	Zambezi	[sambesi]
Limpopo (de)	Limpopo	[limpopo]
Mississippi (de)	Mississippi	[misisippi]

131. Bos

bos (het)	mets	[mets]
bos- (abn)	metsa-	[metsa-]
oerwoud (dicht bos)	tihnik	[tihnik]
bosje (klein bos)	salu	[salu]
open plek (de)	lagendik	[lagendik]
struikgewas (het)	padrik	[padrik]
struiken (mv.)	põõsastik	[pɜ:sasʲtik]
paadje (het)	jalgrada	[jalʲgrada]
ravijn (het)	jäärak	[jæ:rak]
boom (de)	puu	[pu:]
blad (het)	leht	[leht]

gebladerte (het)	lehestik	[lehes'tik]
vallende bladeren (mv.)	lehtede langemine	[lehtede langemine]
vallen (ov. de bladeren)	langema	[langema]
boomtop (de)	latv	[latʋ]

tak (de)	oks	[oks]
ent (de)	oks	[oks]
knop (de)	pung	[pung]
naald (de)	okas	[okas]
dennenappel (de)	käbi	[kæbi]

boom holte (de)	puu õõs	[puːɜːs]
nest (het)	pesa	[pesa]
hol (het)	urg	[urg]

stam (de)	tüv	[tʉʋi]
wortel (bijv. boom~s)	juur	[juːr]
schors (de)	koor	[koːr]
mos (het)	sammal	[sammalʲ]

ontwortelen (een boom)	juurima	[juːrima]
kappen (een boom ~)	raiuma	[raiuma]
ontbossen (ww)	maha raiuma	[maha raiuma]
stronk (de)	känd	[kænt]

kampvuur (het)	lõke	[lɜke]
bosbrand (de)	tulekahju	[tulekahju]
blussen (ww)	kustutama	[kusʲtutama]

boswachter (de)	metsavaht	[metsaʋaht]
bescherming (de)	taimekaitse	[taimekaitse]
beschermen	looduskaitse	[loːduskaitse]
(bijv. de natuur ~)		
stroper (de)	salakütt	[salakʉtt]
val (de)	püünis	[pʉːnis]

plukken (vruchten, enz.)	korjama	[korjama]
verdwalen (de weg kwijt zijn)	ära eksima	[æra eksima]

132. Natuurlijke hulpbronnen

natuurlijke rijkdommen (mv.)	loodusvarad	[loːdusʋarat]
delfstoffen (mv.)	maavarad	[maːʋarat]
lagen (mv.)	lademed	[lademet]
veld (bijv. olie~)	leiukoht	[lejukoht]

winnen (uit erts ~)	kaevandama	[kaeʋandama]
winning (de)	kaevandamine	[kaeʋandamine]
erts (het)	maak	[maːk]
mijn (bijv. kolenmijn)	kaevandus	[kaeʋandus]
mijnschacht (de)	šaht	[ʃaht]
mijnwerker (de)	kaevur	[kaeʋur]
gas (het)	gaas	[gaːs]
gasleiding (de)	gaasijuhe	[gaːsijuhe]

olie (aardolie)	nafta	[nafta]
olieleiding (de)	naftajuhe	[naftajuhe]
oliebron (de)	nafta puurtorn	[nafta puːrtorn]
boortoren (de)	puurtorn	[puːrtorn]
tanker (de)	tanker	[tanker]

zand (het)	liiv	[liːʋ]
kalksteen (de)	paekivi	[paekiʋi]
grind (het)	kruus	[kruːs]
veen (het)	turvas	[turʋas]
klei (de)	savi	[saʋi]
steenkool (de)	süsi	[sɵsi]

IJzer (het)	raud	[raut]
goud (het)	kuld	[kulʲt]
zilver (het)	hõbe	[hɜbe]
nikkel (het)	nikkel	[nikkelʲ]
koper (het)	vask	[ʋask]

zink (het)	tsink	[tsink]
mangaan (het)	mangaan	[mangaːn]
kwik (het)	elavhõbe	[elaʋhɜbe]
lood (het)	seatina	[seatina]

mineraal (het)	mineraal	[mineraːlʲ]
kristal (het)	kristall	[krisʲtalʲ]
marmer (het)	marmor	[marmor]
uraan (het)	uraan	[uraːn]

De Aarde. Deel 2

133. Weer

weer (het)	ilm	[iʰm]
weersvoorspelling (de)	ilmaennustus	[iʰmaennusʰtus]
temperatuur (de)	temperatuur	[temperatu:r]
thermometer (de)	kraadiklaas	[kra:dikla:s]
barometer (de)	baromeeter	[barome:ter]
vochtig (bn)	niiske	[ni:ske]
vochtigheid (de)	niiskus	[ni:skus]
hitte (de)	kuumus	[ku:mus]
heet (bn)	kuum	[ku:m]
het is heet	on kuum	[on ku:m]
het is warm	soojus	[so:jus]
warm (bn)	soe	[soe]
het is koud	on külm	[on kuʰm]
koud (bn)	küm	[kuʰm]
zon (de)	päike	[pæjke]
schijnen (de zon)	paistma	[paisʰtma]
zonnig (~e dag)	päikseline	[pæjkseline]
opgaan (ov. de zon)	tõusma	[tɜusma]
ondergaan (ww)	loouma	[lo:juma]
wolk (de)	pilv	[pilʰu]
bewolkt (bn)	pilves	[pilʰues]
regenwolk (de)	pilv	[pilʰu]
somber (bn)	sompus	[sompus]
regen (de)	vihm	[uihm]
het regent	vihma sajab	[uihma sajab]
regenachtig (bn)	vihmane	[uihmane]
motregenen (ww)	tibutama	[tibutama]
plensbui (de)	paduvihm	[paduuihm]
stortbui (de)	hoovihm	[ho:uihm]
hard (bn)	tugev	[tugeu]
plas (de)	lomp	[lomp]
nat worden (ww)	märjaks saama	[mærjaks sa:ma]
mist (de)	udu	[udu]
mistig (bn)	udune	[udune]
sneeuw (de)	lumi	[lumi]
het sneeuwt	lund sajab	[lunt sajab]

134. Zwaar weer. Natuurrampen

noodweer (storm)	äike	[æjke]
bliksem (de)	välk	[ʋælʲk]
flitsen (ww)	välku lööma	[ʋælʲku løːma]
donder (de)	kõu	[kɜu]
donderen (ww)	müristama	[mʉrisʲtama]
het dondert	müristab	[mʉrisʲtab]
hagel (de)	rahe	[rahe]
het hagelt	rahet sajab	[rahet sajab]
overstromen (ww)	üle ujutama	[ʉle ujutama]
overstroming (de)	üleujutus	[ʉleujutus]
aardbeving (de)	maavärin	[maːʋærin]
aardschok (de)	tõuge	[tɜuge]
epicentrum (het)	epitsenter	[epitsenter]
uitbarsting (de)	vulkaanipurse	[ʋulʲkaːnipurse]
lava (de)	laava	[laːʋa]
wervelwind (de)	tromb	[tromb]
windhoos (de)	tornaado	[tornaːdo]
tyfoon (de)	taifuun	[taifuːn]
orkaan (de)	orkaan	[orkaːn]
storm (de)	torm	[torm]
tsunami (de)	tsunami	[tsunami]
cycloon (de)	tsüklon	[tsʉklon]
onweer (het)	halb ilm	[halʲb ilʲm]
brand (de)	tulekahju	[tulekahju]
ramp (de)	katastroof	[katasʲtroːf]
meteoriet (de)	meteoriit	[meteoriːt]
lawine (de)	laviin	[laʋiːn]
sneeuwverschuiving (de)	varing	[ʋaring]
sneeuwjacht (de)	lumetorm	[lumetorm]
sneeuwstorm (de)	tuisk	[tuisk]

Fauna

135. Zoogdieren. Roofdieren

roofdier (het)	kiskja	[kiskja]
tijger (de)	tiiger	[ti:ger]
leeuw (de)	lõvi	[lɜui]
wolf (de)	hunt	[hunt]
vos (de)	rebane	[rebane]
jaguar (de)	jaaguar	[ja:guar]
luipaard (de)	leopard	[leopart]
jachtluipaard (de)	gepard	[gepart]
panter (de)	panter	[panter]
poema (de)	puuma	[pu:ma]
sneeuwluipaard (de)	lumeleopard	[lumeleopart]
lynx (de)	ilves	[ilʲues]
coyote (de)	kojott	[kojott]
jakhals (de)	šaakal	[ʃa:kalʲ]
hyena (de)	hüään	[hʉæ:n]

136. Wilde dieren

dier (het)	loom	[lo:m]
beest (het)	metsloom	[metslo:m]
eekhoorn (de)	orav	[orau]
egel (de)	siil	[si:lʲ]
haas (de)	jänes	[jænes]
konijn (het)	küülik	[kʉ:lik]
das (de)	mäger	[mæger]
wasbeer (de)	pesukaru	[pesukaru]
hamster (de)	hamster	[hamsʲter]
marmot (de)	koopaorav	[ko:paorau]
mol (de)	mutt	[mutt]
muis (de)	hiir	[hi:r]
rat (de)	rott	[rott]
vleermuis (de)	nahkhiir	[nahkhi:r]
hermelijn (de)	kärp	[kærp]
sabeldier (het)	soobel	[so:belʲ]
marter (de)	nugis	[nugis]
wezel (de)	nirk	[nirk]
nerts (de)	naarits	[na:rits]

bever (de)	kobras	[kobras]
otter (de)	saarmas	[saːrmas]
paard (het)	hobune	[hobune]
eland (de)	põder	[pɜder]
hert (het)	põhjapõder	[pɜhjapɜder]
kameel (de)	kaamel	[kaːmelʲ]
bizon (de)	piison	[piːson]
oeros (de)	euroopa piison	[euroːpa piːson]
buffel (de)	pühvel	[pʉhʋelʲ]
zebra (de)	sebra	[sebra]
antilope (de)	antiloop	[antiloːp]
ree (de)	metskits	[metskits]
damhert (het)	kabehirv	[kabehirʋ]
gems (de)	mägikits	[mægikits]
everzwijn (het)	metssiga	[metssiga]
walvis (de)	vaal	[ʋaːlʲ]
rob (de)	hüljes	[hʉljes]
walrus (de)	merihobu	[merihobʉ]
zeehond (de)	kotik	[kotik]
dolfijn (de)	delfiin	[delfiːn]
beer (de)	karu	[karu]
IJsbeer (de)	jääkaru	[jæːkaru]
panda (de)	panda	[panda]
aap (de)	ahv	[ahʋ]
chimpansee (de)	šimpans	[ʃimpans]
orang-oetan (de)	orangutang	[orangutang]
gorilla (de)	gorilla	[gorilʲæ]
makaak (de)	makaak	[makaːk]
gibbon (de)	gibon	[gibon]
olifant (de)	elevant	[eleʋant]
neushoorn (de)	ninasarvik	[ninasarʋik]
giraffe (de)	kaelkirjak	[kaelʲkirjak]
nijlpaard (het)	jõehobu	[jɜehobu]
kangoeroe (de)	känguru	[kænguru]
koala (de)	koaala	[koaːla]
mangoest (de)	mangust	[mangusʲt]
chinchilla (de)	tšintšilja	[tʃintʃilja]
stinkdier (het)	skunk	[skunk]
stekelvarken (het)	okassiga	[okassiga]

137. Huisdieren

poes (de)	kass	[kass]
kater (de)	kass	[kass]
hond (de)	koer	[koer]

paard (het)	hobune	[hobune]
hengst (de)	täkk	[tækk]
merrie (de)	mära	[mæra]
koe (de)	lehm	[lehm]
stier (de)	pull	[pulʲ]
os (de)	härg	[hærg]
schaap (het)	lammas	[lammas]
ram (de)	oinas	[ojnas]
geit (de)	kits	[kits]
bok (de)	sokk	[sokk]
ezel (de)	eesel	[e:selʲ]
muilezel (de)	muul	[mu:lʲ]
varken (het)	siga	[siga]
biggetje (het)	põrsas	[pɜrsas]
konijn (het)	küülik	[kʉ:lik]
kip (de)	kana	[kana]
haan (de)	kukk	[kukk]
eend (de)	part	[part]
woerd (de)	sinikaelpart	[sinikaelʲpart]
gans (de)	hani	[hani]
kalkoen haan (de)	kalkun	[kalʲkun]
kalkoen (de)	kalkun	[kalʲkun]
huisdieren (mv.)	koduloomad	[kodulo:mat]
tam (bijv. hamster)	kodustatud	[kodusʲtatut]
temmen (tam maken)	taltsutama	[talʲtsutama]
fokken (bijv. paarden ~)	üles kasvatama	[ʉles kasʋatama]
boerderij (de)	farm	[farm]
gevogelte (het)	kodulinnud	[kodulinnut]
rundvee (het)	kariloomad	[karilo:mat]
kudde (de)	kari	[kari]
paardenstal (de)	hobusetall	[hobusetalʲ]
zwijnenstal (de)	sigala	[sigala]
koeienstal (de)	lehmalaut	[lehmalaut]
konijnenhok (het)	küülikukasvandus	[kʉ:likukasʋandus]
kippenhok (het)	kanala	[kanala]

138. Vogels

vogel (de)	lind	[lint]
duif (de)	tuvi	[tuʋi]
mus (de)	varblane	[ʋarblane]
koolmees (de)	tihane	[tihane]
ekster (de)	harakas	[harakas]
raaf (de)	ronk	[ronk]

kraai (de)	vares	[ʋares]
kauw (de)	hakk	[hakk]
roek (de)	künnivares	[kʉnniʋares]

eend (de)	part	[part]
gans (de)	hani	[hani]
fazant (de)	faasan	[fa:san]

arend (de)	kotkas	[kotkas]
havik (de)	kull	[kulʲ]
valk (de)	kotkas	[kotkas]
gier (de)	raisakull	[raisakulʲ]
condor (de)	kondor	[kondor]

zwaan (de)	luik	[luik]
kraanvogel (de)	kurg	[kurg]
ooievaar (de)	toonekurg	[to:nekurg]

papegaai (de)	papagoi	[papagoj]
kolibrie (de)	koolibri	[ko:libri]
pauw (de)	paabulind	[pa:bulint]

struisvogel (de)	jaanalind	[ja:nalint]
reiger (de)	haigur	[haigur]
flamingo (de)	flamingo	[flamingo]
pelikaan (de)	pelikan	[pelikan]

| nachtegaal (de) | ööbik | [ø:bik] |
| zwaluw (de) | suitsupääsuke | [suitsupæ:suke] |

lijster (de)	rästas	[ræsʲtas]
zanglijster (de)	laulurästas	[lauluræsʲtas]
merel (de)	musträstas	[musʲtræsʲtas]

gierzwaluw (de)	piiripääsuke	[pi:ripæ:suke]
leeuwerik (de)	lõoke	[lɔoke]
kwartel (de)	vutt	[ʋutt]

specht (de)	rähn	[ræhn]
koekoek (de)	kägu	[kægu]
uil (de)	öökull	[ø:kulʲ]
oehoe (de)	kakk	[kakk]
auerhoen (het)	metsis	[metsis]
korhoen (het)	teder	[teder]
patrijs (de)	põldpüü	[pɔlʲtpʉ:]

spreeuw (de)	kuldnokk	[kulʲdnokk]
kanarie (de)	kanaarilind	[kana:rilint]
hazelhoen (het)	laanepüü	[la:nepʉ:]

| vink (de) | metsvint | [metsʋint] |
| goudvink (de) | leevike | [le:ʋike] |

meeuw (de)	kajakas	[kajakas]
albatros (de)	albatross	[alʲbatross]
pinguïn (de)	pingviin	[pingʋi:n]

139. Vis. Zeedieren

brasem (de)	latikas	[latikas]
karper (de)	karpkala	[karpkala]
baars (de)	ahven	[ahuen]
meerval (de)	säga	[sæga]
snoek (de)	haug	[haug]
zalm (de)	lõhe	[lɜhe]
steur (de)	tuurakala	[tu:rakala]
haring (de)	heeringas	[he:ringas]
atlantische zalm (de)	väärislõhe	[uæ:rislɜhe]
makreel (de)	skumbria	[skumbria]
platvis (de)	lest	[lesʲt]
snoekbaars (de)	kohakala	[kohakala]
kabeljauw (de)	tursk	[tursk]
tonijn (de)	tuunikala	[tu:nikala]
forel (de)	forell	[forelʲ]
paling (de)	angerjas	[angerjas]
sidderrog (de)	elektrirai	[elektrirai]
murene (de)	mureen	[mure:n]
piranha (de)	piraaja	[pira:ja]
haai (de)	haikala	[haikala]
dolfijn (de)	delfiin	[delfi:n]
walvis (de)	vaal	[ua:lʲ]
krab (de)	krabi	[krabi]
kwal (de)	meduus	[medu:s]
octopus (de)	kaheksajalg	[kaheksajalʲg]
zeester (de)	meritäht	[meritæht]
zee-egel (de)	merisiil	[merisi:lʲ]
zeepaardje (het)	merihobuke	[merihobuke]
oester (de)	auster	[ausʲter]
garnaal (de)	krevett	[kreuett]
kreeft (de)	homaar	[homa:r]
langoest (de)	langust	[langusʲt]

140. Amfibieën. Reptielen

slang (de)	uss	[uss]
giftig (slang)	mürgine	[mʉrgine]
adder (de)	rästik	[ræsʲtik]
cobra (de)	kobra	[kobra]
python (de)	püüton	[pʉ:ton]
boa (de)	boamadu	[boamadu]
ringslang (de)	nastik	[nasʲtik]

| ratelslang (de) | lõgismadu | [lɜgismadu] |
| anaconda (de) | anakonda | [anakonda] |

hagedis (de)	sisalik	[sisalik]
leguaan (de)	iguaan	[igua:n]
varaan (de)	varaan	[ʋara:n]
salamander (de)	salamander	[salamander]
kameleon (de)	kameeleon	[kame:leon]
schorpioen (de)	skorpion	[skorpion]

schildpad (de)	kilpkonn	[kilʲpkonn]
kikker (de)	konn	[konn]
pad (de)	kärnkonn	[kærnkonn]
krokodil (de)	krokodill	[krokodilʲ]

141. Insecten

insect (het)	putukas	[putukas]
vlinder (de)	liblikas	[liblikas]
mier (de)	sipelgas	[sipelʲgas]
vlieg (de)	kärbes	[kærbes]
mug (de)	sääsk	[sæ:sk]
kever (de)	sitikas	[sitikas]

wesp (de)	herilane	[herilane]
bij (de)	mesilane	[mesilane]
hommel (de)	metsmesilane	[metsmesilane]
horzel (de)	kiin	[ki:n]

| spin (de) | ämblik | [æmblik] |
| spinnenweb (het) | ämblikuvõrk | [æmblikuʋɜrk] |

libel (de)	kiil	[ki:lʲ]
sprinkhaan (de)	rohutirts	[rohutirts]
nachtvlinder (de)	liblikas	[liblikas]

kakkerlak (de)	tarakan	[tarakan]
mijt (de)	puuk	[pu:k]
vlo (de)	kirp	[kirp]
kriebelmug (de)	kihulane	[kihulane]

treksprinkhaan (de)	rändtirts	[rændtirts]
slak (de)	tigu	[tigu]
krekel (de)	ritsikas	[ritsikas]
glimworm (de)	jaaniuss	[ja:niuss]
lieveheersbeestje (het)	lepatriinu	[lepatri:nu]
meikever (de)	maipõrnikas	[maipɜrnikas]

bloedzuiger (de)	kaan	[ka:n]
rups (de)	tõuk	[tɜuk]
aardworm (de)	vagel	[ʋagelʲ]
larve (de)	tõuk	[tɜuk]

Flora

142. Bomen

boom (de)	puu	[pu:]
loof- (abn)	lehtpuu	[lehtpu:]
dennen- (abn)	okaspuu	[okaspu:]
groenblijvend (bn)	igihaljas	[igihaljas]
appelboom (de)	õunapuu	[ɜunapu:]
perenboom (de)	pirnipuu	[pirnipu:]
zoete kers (de)	murelipuu	[murelipu:]
zure kers (de)	kirsipuu	[kirsipu:]
pruimelaar (de)	ploomipuu	[plo:mipu:]
berk (de)	kask	[kask]
eik (de)	tamm	[tamm]
linde (de)	pärn	[pærn]
esp (de)	haav	[ha:ʋ]
esdoorn (de)	vaher	[ʋaher]
spar (de)	kuusk	[ku:sk]
den (de)	mänd	[mænt]
lariks (de)	lehis	[lehis]
zilverspar (de)	nulg	[nulʲg]
ceder (de)	seeder	[se:der]
populier (de)	pappel	[pappelʲ]
lijsterbes (de)	pihlakas	[pihlakas]
wilg (de)	paju	[paju]
els (de)	lepp	[lepp]
beuk (de)	pöök	[pø:k]
iep (de)	jalakas	[jalakas]
es (de)	saar	[sa:r]
kastanje (de)	kastan	[kasʲtan]
magnolia (de)	magnoolia	[magno:lia]
palm (de)	palm	[palʲm]
cipres (de)	küpress	[kʉpress]
mangrove (de)	mangroovipuu	[mangro:ʋipu:]
baobab (apenbroodboom)	ahvileivapuu	[ahʋilejʋapu:]
eucalyptus (de)	eukalüpt	[eukalʉpt]
mammoetboom (de)	sekvoia	[sekʋoja]

143. Heesters

struik (de)	põõsas	[pɜ:sas]
heester (de)	põõsastik	[pɜ:sasʲtik]

wijnstok (de)	viinamarjad	[ʊiːnamarjat]
wijngaard (de)	viinamarjaistandus	[ʊiːnamarjaisˈtandus]
frambozenstruik (de)	vaarikas	[ʋaːrikas]
zwarte bes (de)	mustsõstra põõsas	[musˈt sɜsˈtra pɜːsas]
rode bessenstruik (de)	punane sõstar põõsas	[punane sɜsˈtar pɜːsas]
kruisbessenstruik (de)	karusmari	[karusmari]
acacia (de)	akaatsia	[akaːtsia]
zuurbes (de)	kukerpuu	[kukerpuː]
jasmijn (de)	jasmiin	[jasmiːn]
jeneverbes (de)	kadakas	[kadakas]
rozenstruik (de)	roosipõõsas	[roːsipɜːsas]
hondsroos (de)	kibuvits	[kibuʊits]

144. Vruchten. Bessen

vrucht (de)	puuvili	[puːʊili]
vruchten (mv.)	puuviljad	[puːʊiljat]
appel (de)	õun	[ɜun]
peer (de)	pirn	[pirn]
pruim (de)	ploom	[ploːm]
aardbei (de)	aedmaasikas	[aedmaːsikas]
zure kers (de)	kirss	[kirss]
zoete kers (de)	murel	[murelʲ]
druif (de)	viinamarjad	[ʊiːnamarjat]
framboos (de)	vaarikas	[ʋaːrikas]
zwarte bes (de)	must sõstar	[musˈt sɜsˈtar]
rode bes (de)	punane sõstar	[punane sɜsˈtar]
kruisbes (de)	karusmari	[karusmari]
veenbes (de)	jõhvikas	[jɜhʊikas]
sinaasappel (de)	apelsin	[apelˈsin]
mandarijn (de)	mandariin	[mandariːn]
ananas (de)	ananass	[ananass]
banaan (de)	banaan	[banaːn]
dadel (de)	dattel	[dattelʲ]
citroen (de)	sidrun	[sidrun]
abrikoos (de)	aprikoos	[aprikoːs]
perzik (de)	virsik	[ʊirsik]
kiwi (de)	kiivi	[kiːʊi]
grapefruit (de)	greip	[grejp]
bes (de)	mari	[mari]
bessen (mv.)	marjad	[marjat]
vossenbes (de)	pohlad	[pohlat]
bosaardbei (de)	maasikas	[maːsikas]
bosbes (de)	mustikas	[musˈtikas]

145. Bloemen. Planten

bloem (de)	lill	[lilʲ]
boeket (het)	lillekimp	[lilʲekimp]

roos (de)	roos	[ro:s]
tulp (de)	tulp	[tulʲp]
anjer (de)	nelk	[nelʲk]
gladiool (de)	gladiool	[gladio:lʲ]

korenbloem (de)	rukkilill	[rukkililʲ]
klokje (het)	kellukas	[kelʲukas]
paardenbloem (de)	võilill	[vɜililʲ]
kamille (de)	karikakar	[karikakar]

aloë (de)	aaloe	[a:loe]
cactus (de)	kaktus	[kaktus]
ficus (de)	kummipuu	[kummipu:]

lelie (de)	liilia	[li:lia]
geranium (de)	geraanium	[gera:nium]
hyacint (de)	hüatsint	[huatsint]

mimosa (de)	mimoos	[mimo:s]
narcis (de)	nartsiss	[nartsiss]
Oostindische kers (de)	kress	[kress]

orchidee (de)	orhidee	[orhide:]
pioenroos (de)	pojeng	[pojeng]
viooltje (het)	kannike	[kannike]

driekleurig viooltje (het)	võõrasemad	[vɜ:rasemat]
vergeet-mij-nietje (het)	meelespea	[me:lespea]
madeliefje (het)	margareeta	[margare:ta]

papaver (de)	moon	[mo:n]
hennep (de)	kanep	[kanep]
munt (de)	piparmünt	[piparmunt]

lelietje-van-dalen (het)	maikelluke	[maikelʲuke]
sneeuwklokje (het)	lumikelluke	[lumikelʲuke]

brandnetel (de)	nõges	[nɜges]
veldzuring (de)	hapuoblikas	[hapuoblikas]
waterlelie (de)	vesiroos	[vesiro:s]
varen (de)	sõnajalg	[sɜnajalʲg]
korstmos (het)	samblik	[samblik]

oranjerie (de)	kasvuhoone	[kasuuho:ne]
gazon (het)	muru	[muru]
bloemperk (het)	lillepeenar	[lilʲepe:nar]

plant (de)	taim	[taim]
gras (het)	rohi	[rohi]
grasspriet (de)	rohulible	[rohulible]

blad (het)	leht	[leht]
bloemblad (het)	õieleht	[ɜieleht]
stengel (de)	vars	[ʋars]
knol (de)	sibul	[sibulʲ]
scheut (de)	idu	[idu]
doorn (de)	okas	[okas]
bloeien (ww)	õitsema	[ɜitsema]
verwelken (ww)	närtsima	[nærtsima]
geur (de)	lõhn	[lɜhn]
snijden (bijv. bloemen ~)	lõikama	[lɜikama]
plukken (bloemen ~)	murdma	[murdma]

146. Granen, graankorrels

graan (het)	vili	[ʋili]
graangewassen (mv.)	teraviljad	[teraʋiljat]
aar (de)	kõrs	[kɜrs]
tarwe (de)	nisu	[nisu]
rogge (de)	rukis	[rukis]
haver (de)	kaer	[kaer]
gierst (de)	hirss	[hirss]
gerst (de)	oder	[oder]
maïs (de)	mais	[mais]
rijst (de)	riis	[riːs]
boekweit (de)	tatar	[tatar]
erwt (de)	hernes	[hernes]
boon (de)	aedoad	[aedoat]
soja (de)	soja	[soja]
linze (de)	lääts	[lʲæːts]
bonen (mv.)	põldoad	[pɜlʲdoat]

LANDEN. NATIONALITEITEN

147. West-Europa

Europa (het)	Euroopa	[euro:pa]
Europese Unie (de)	Euroopa Liit	[euro:pa li:t]

Oostenrijk (het)	Austria	[ausʲtria]
Groot-Brittannië (het)	Suurbritannia	[su:rbritannia]
Engeland (het)	Inglismaa	[inglisma:]
België (het)	Belgia	[belʲgia]
Duitsland (het)	Saksamaa	[saksama:]

Nederland (het)	Madalmaad	[madalʲma:t]
Holland (het)	Holland	[holʲænt]
Griekenland (het)	Kreeka	[kre:ka]
Denemarken (het)	Taani	[ta:ni]
Ierland (het)	Iirimaa	[i:rima:]
IJsland (het)	Island	[islant]

Spanje (het)	Hispaania	[hispa:nia]
Italië (het)	Itaalia	[ita:lia]
Cyprus (het)	Küpros	[kypros]
Malta (het)	Malta	[malʲta]

Noorwegen (het)	Norra	[norra]
Portugal (het)	Portugal	[portugalʲ]
Finland (het)	Soome	[so:me]
Frankrijk (het)	Prantsusmaa	[prantsusma:]

Zweden (het)	Rootsi	[ro:tsi]
Zwitserland (het)	Šveits	[ʃvejts]
Schotland (het)	Šotimaa	[ʃotima:]

Vaticaanstad (de)	Vatikan	[ʋatikan]
Liechtenstein (het)	Liechtenstein	[lihtenʃtejn]
Luxemburg (het)	Luxembourg	[luksembourg]
Monaco (het)	Monaco	[monako]

148. Centraal- en Oost-Europa

Albanië (het)	Albaania	[alʲba:nia]
Bulgarije (het)	Bulgaaria	[bulʲga:ria]
Hongarije (het)	Ungari	[ungari]
Letland (het)	Läti	[lʲæti]

Litouwen (het)	Leedu	[le:du]
Polen (het)	Poola	[po:la]

Roemenië (het)	Rumeenia	[rume:nia]
Servië (het)	Serbia	[serbia]
Slowakije (het)	Slovakkia	[slouakkia]

Kroatië (het)	Kroaatia	[kroa:tia]
Tsjechië (het)	Tšehhia	[tʃehhia]
Estland (het)	Eesti	[e:sʲti]

Bosnië en Herzegovina (het)	Bosnia ja Hertsegoviina	[bosnia ja hertsegoui:na]
Macedonië (het)	Makedoonia	[makedo:nia]
Slovenië (het)	Sloveenia	[sloue:nia]
Montenegro (het)	Montenegro	[montenegro]

149. Voormalige USSR landen

| Azerbeidzjan (het) | Aserbaidžaan | [aserbaidʒa:n] |
| Armenië (het) | Armeenia | [arme:nia] |

Wit-Rusland (het)	Valgevenemaa	[ualʲgeuenema:]
Georgië (het)	Gruusia	[gru:sia]
Kazakstan (het)	Kasahstan	[kasahsʲtan]
Kirgizië (het)	Kõrgõzstan	[kɜrgɜsʲtan]
Moldavië (het)	Moldova	[molʲdoua]

| Rusland (het) | Venemaa | [uenema:] |
| Oekraïne (het) | Ukraina | [ukraina] |

Tadzjikistan (het)	Tadžikistan	[tadʒikisʲtan]
Turkmenistan (het)	Türkmenistan	[tʉrkmenisʲtan]
Oezbekistan (het)	Usbekistan	[usbekisʲtan]

150. Azië

Azië (het)	Aasia	[a:sia]
Vietnam (het)	Vietnam	[uietnam]
India (het)	India	[india]
Israël (het)	Iisrael	[i:raelʲ]

China (het)	Hiina	[hi:na]
Libanon (het)	Liibanon	[li:banon]
Mongolië (het)	Mongoolia	[mongo:lia]

| Maleisië (het) | Malaisia | [malaisia] |
| Pakistan (het) | Pakistan | [pakisʲtan] |

Saoedi-Arabië (het)	Saudi Araabia	[saudi ara:bia]
Thailand (het)	Tai	[tai]
Taiwan (het)	Taivan	[taiuan]
Turkije (het)	Türgi	[tʉrgi]
Japan (het)	Jaapan	[ja:pan]
Afghanistan (het)	Afganistan	[afganisʲtan]
Bangladesh (het)	Bangladesh	[bangladesh]

Indonesië (het)	Indoneesia	[indone:sia]
Jordanië (het)	Jordaania	[jorda:nia]
Irak (het)	Iraak	[ira:k]
Iran (het)	Iraan	[ira:n]
Cambodja (het)	Kambodža	[kambodʒa]
Koeweit (het)	Kuveit	[kuvejt]
Laos (het)	Laos	[laos]
Myanmar (het)	Mjanma	[mjanma]
Nepal (het)	Nepal	[nepalʲ]
Verenigde Arabische Emiraten	Araabia Ühendemiraadid	[ara:bia ɵhendemira:dit]
Syrië (het)	Süüria	[sɵ:ria]
Palestijnse autonomie (de)	Palestiina autonoomia	[palesʲti:na autono:mia]
Zuid-Korea (het)	Lõuna-Korea	[lɜuna-korea]
Noord-Korea (het)	Põhja-Korea	[pɜhja-korea]

151. Noord-Amerika

Verenigde Staten van Amerika	Ameerika Ühendriigid	[ame:rika ɵhendri:git]
Canada (het)	Kanada	[kanada]
Mexico (het)	Mehhiko	[mehhiko]

152. Midden- en Zuid-Amerika

Argentinië (het)	Argentiina	[argenti:na]
Brazilië (het)	Brasiilia	[brasi:lia]
Colombia (het)	Kolumbia	[kolumbia]
Cuba (het)	Kuuba	[ku:ba]
Chili (het)	Tšili	[tʃi:li]
Bolivia (het)	Boliivia	[boli:via]
Venezuela (het)	Venetsueela	[venetsue:la]
Paraguay (het)	Paraguai	[paraguai]
Peru (het)	Peruu	[peru:]
Suriname (het)	Suriname	[suriname]
Uruguay (het)	Uruguai	[uruguai]
Ecuador (het)	Ecuador	[ekuador]
Bahama's (mv.)	Bahama saared	[bahama sa:ret]
Haïti (het)	Haiti	[hai:ti]
Dominicaanse Republiek (de)	Dominikaani Vabariik	[dominika:ni vabari:k]
Panama (het)	Panama	[panama]
Jamaica (het)	Jamaika	[jamaika]

153. Afrika

Egypte (het)	Egiptus	[egiptus]
Marokko (het)	Maroko	[maroko]
Tunesië (het)	Tuneesia	[tuneːsia]
Ghana (het)	Gaana	[gaːna]
Zanzibar (het)	Sansibar	[sansibar]
Kenia (het)	Keenia	[keːnia]
Libië (het)	Liibüa	[liːbʉa]
Madagaskar (het)	Madagaskar	[madagaskar]
Namibië (het)	Namiibia	[namiːbia]
Senegal (het)	Senegal	[senegalʲ]
Tanzania (het)	Tansaania	[tansaːnia]
Zuid-Afrika (het)	Lõuna-Aafrika Vabariik	[lɜuna-aːfrika ʋabariːk]

154. Australië. Oceanië

Australië (het)	Austraalia	[ausʲtraːlia]
Nieuw-Zeeland (het)	Uus Meremaa	[uːs meremaː]
Tasmanië (het)	Tasmaania	[tasmaːnia]
Frans-Polynesië	Prantsuse Polüneesia	[prantsuse polʉneːsia]

155. Steden

Amsterdam	Amsterdam	[amsʲterdam]
Ankara	Ankara	[ankara]
Athene	Ateena	[ateːna]
Bagdad	Bagdad	[bagdat]
Bangkok	Bangkok	[bangkok]
Barcelona	Barcelona	[barselona]
Beiroet	Beirut	[bejrut]
Berlijn	Berliin	[berliːn]
Boedapest	Budapest	[budapesʲt]
Boekarest	Bukarest	[bukaresʲt]
Bombay, Mumbai	Bombay	[bombej]
Bonn	Bonn	[bonn]
Bordeaux	Bordeaux	[bordoː]
Bratislava	Bratislava	[bratislaʋa]
Brussel	Brüssel	[brʉsselʲ]
Caïro	Kairo	[kajro]
Calcutta	Kalkuta	[kalʲkuta]
Chicago	Chicago	[tʃikago]
Dar Es Salaam	Dar Es Salaam	[dar es salaːm]
Delhi	Delhi	[deli]
Den Haag	Haag	[haːg]

Dubai	Dubai	[dubai]
Dublin	Dublin	[dublin]
Düsseldorf	Düsseldorf	[dusselʲdorf]
Florence	Firenze	[firenzə]
Frankfort	Frankfurt	[frankfurt]
Genève	Genf	[genf]
Hamburg	Hamburg	[hamburg]
Hanoi	Hanoi	[hanoj]
Havana	Havanna	[hauanna]
Helsinki	Helsingi	[helʲsingi]
Hiroshima	Hiroshima	[hiroshima]
Hongkong	Hongkong	[honkong]
Istanbul	Istanbul	[istanbulʲ]
Jeruzalem	Jeruusalemm	[jeru:salemm]
Kiev	Kiiev	[ki:eu]
Kopenhagen	Kopenhaagen	[kopenha:gen]
Kuala Lumpur	Kuala Lumpur	[kuala lumpur]
Lissabon	Lissabon	[lissssabon]
Londen	London	[london]
Los Angeles	Los Angeles	[los angeles]
Lyon	Lyon	[lyon]
Madrid	Madrid	[madrit]
Marseille	Marseille	[marselʲ]
Mexico-Stad	Mehhiko	[mehiko]
Miami	Miami	[majæmi]
Montreal	Montreal	[montrealʲ]
Moskou	Moskva	[moskua]
München	München	[munhen]
Nairobi	Nairobi	[nairobi]
Napels	Napoli	[napoli]
New York	New York	[nju york]
Nice	Nice	[nitsə]
Oslo	Oslo	[oslo]
Ottawa	Ottawa	[ottawa]
Parijs	Pariis	[pari:s]
Peking	Peking	[peking]
Praag	Praha	[praha]
Rio de Janeiro	Rio de Janeiro	[rio de ʒanejro]
Rome	Rooma	[ro:ma]
Seoel	Soul	[soulʲ]
Singapore	Singapur	[singapur]
Sint-Petersburg	Peterburi	[peterburi]
Sjanghai	Shanghai	[ʃanhai]
Stockholm	Stockholm	[stokholʲm]
Sydney	Sidney	[sidni]
Taipei	Taibei	[taibej]
Tokio	Tokio	[tokio]
Toronto	Toronto	[toronto]

Venetië	**Veneetsia**	[ʋeneːtsia]
Warschau	**Varssavi**	[ʋarssaʋi]
Washington	**Washington**	[ʋoʃington]
Wenen	**Viin**	[ʋiːn]

www.ingramcontent.com/pod-product-compliance
Lightning Source LLC
Chambersburg PA
CBHW070553050426
42450CB00011B/2837